사·유·의·조·각·들·을·펼·쳐·놓·은·수·필·집

그 하나를 찾는 방황

류인석 지음

오늘의문학사

그 하나를 찾는 방황

단 하루도, 단 한 시간도 미래를 아는 사람은 아무도 없다. 미래는 신만이 아는 곳이다. 미래는 아무것도 없다. 보이지도 않고 잡히지도 않는 추상적이고도 막연한 시공이다. 과거는 추억으로 존재하고, 현재는 현실로 입증하지만, 미래는 희망이란 이름 하나 붙잡고 기다리는 것이다.

미래는 바로 행복을 갈구하는 우리들의 신앙이다. 혹세무민하고 감언이설로 이용되는 환상적 시공이다. 종교에서 말하는 불멸, 영생, 재림, 부활도 모두 미래를 두고 하는 말이다. 미래는 예상의 시간이고 희망의 시간이다. 사랑, 행복 등 기다림만 가득한 시간이다. 모든 삶은 현재에서 끝나는 게 시공의 이치다.

나는 이 책에서 삶의 이치를 생각해 보았다. 굳이 말하자면 내가 살아온 지난 세월과 오늘의 인생 얘기다. 조금은 주제넘고 건방지다. 그러나 살아온 세월에서 허망함을 깨닫게 되니 어쩌랴.

우리가 평생을 살면서 깨닫는 의미는 중요하다. 막연하지만 다가올 미래를 생각하지 않을 수 없다. 내가 살아야 될 미래는 얼마나 될까….

일찍이 깨닫지 못한 아둔함을 후회도 해보지만 더욱 빨라진 세월의 속도는 걷잡을 수 없다. 어찌 나뿐이랴. 누구에게나 삶의 이치는 똑같은 것. 태어나기 위해서 태어난 사람은 이 세상에 아무도 없다. 자기 인생의 끝이 언제일지 아는 사람도 없다. 내가 나를 위해 살면서도 행복과 불행이 언제, 무엇 때문에 얼마만큼 오고갈지, 나도 모른다. 그러나 우리는 집요하게도 미래를 추구한다. 생존 경쟁이 모두 그렇다.

미래, 오직 그 하나를 찾는 방황이다. 치열하게 살았지만 나는 한 번도 미래라는 시공을 만난 적이 없다. 현재는 날마다 현재이듯, 미래도 날마다 미래다. 부단하게 허덕댔지만 내일은 날마다 내일이었다. 이것이 바로 세월의 이치다. 뒤돌아보면 허무만 계속 쌓인다. 깨달음 부족한 졸부의 인생 넋두리만 수북할 뿐이다. 갈 길은 먼데, 남은 세월은 어느덧 황혼에 이르렀다. 나대신 미래에 남아있을 것이라곤 이 책과 글뿐이다.

예술도 없고 감동도 없지만, 이 책은 어찌 보면 이루지 못해 부족한 내 자신의 마지막 푸념일 수도 있다. 그렇기에 문신을 새기

듯, 마음을 담았다. 지나온 삶의 과정에서 보고 느낀 사색편린들을 주워 모았다. 항상 잡힐 것만 같은 미래에 속아 현재에서 맴돈 졸부의 얘기다. 빈손으로 왔다가 빈손으로 가는 인생의 이치가 아니던가. 권력을 가지려고, 돈을 가지려고, 명예를 가지려고 그토록 발버둥치고 살아온 세월이 부질없다.

이 책을 내기까지 바쁜 시간 틈을 쪼개어 원고정리에 애써준 조카 은주에게 고맙고, 산만한 문장 꼼꼼한 정성 쏟아 원고교정을 챙겨주신 〈웃는 기와〉이봉직 시인이 고맙고, 또 졸필 한 묶음으로 포장해주신 오늘의 문학사 리헌석 회장께 감사한다.

2011. 6.

지은이 류 인 석

제1장 나라는 존재

제2장 관심과 무관심

제3장 다 그런 거지

제4장 삶의 계가

제1장

나라는 존재

인생은 가락이던가

존재를 위하여

내 희망은 무엇인가

나라는 존재

바람 이야기

가을이 오면 무거워진다

나와 너의 관계

내가 할 짓이 무엇인가

그 하나를 찾는 방황

장엄한 종소리

인생은 가락이던가

또 한 친구가 먼저 떠났다. 병색으로 보아 이미 예상은 했지만, 막상 영정 앞에 서니, 아려오는 마음이 옛 같지 않다. 우는 사람, 웃는 사람, 취기로 북적대던 문상객들도 거의 빠져나간 이슥한 초겨울 밤 빈소풍경은 적막하다. 얼굴빛 푸석한 상주들마저도 무거운 침묵으로 자지러든다.

고인이 지켜 살던 평생의 불심인가. 마지막 길에 남기는 이승의 회한인가…. 말없는 영정 앞에 눈물짓는 촛불의 흔들림이듯, 독경소리 은은한 가락만 적막한 빈소 공간을 채운다. 호탕하던 호연지기, 꿀림 없는 자존심, 살아생전 비굴하지 않던 친구였다. 별로 가진 것은 없어도 마음씨는 부자였다. 인정에 인색하지 않고 의리에 주저함이 없었다.

눈빛 게슴츠레해진 친구들 몇 명만 소주 상 앞에 모여앉아 내일이면 재가 될 망인의 회고담을 주절대고 있다. “한가락 하던 친구였는데…", "그 사람 놀던 가락이 있었지…"

삶은 곧 가락이던가. 죽어서까지도 '한가락', 또는 '놀던 가락'으로 평가기준이 되니 말이다. 어쩌면 삶의 기본이 가락인지도 모른다. '가락'은 본래 "소리의 길이와 높고 낮음의 조화"를 의미한다. 왜 소리의 조화뿐이겠는가. 생각해 보면, 삶의 조화도 모두 가락으로 이어진다. 굽이굽이 넘나드는 희로애락이 모두 가락의 연속이다. 기쁘면 기쁜 가락, 슬프면 슬픈 가락….

가락으로 태어나, 가락으로 살다가, 가락과 함께 죽는 게 인생이다. 거친 비명 토해내며 사선을 넘는 모천의 가락에서부터 인생은 태어난다. 탄생의 첫 가락은 누구나 울음으로 시작되는 원초적 본능이다. 길든 짧든 삶의 지평만큼 높고 낮음의 미래를 예고하는 운명의 가락인지도 모른다.

사노라면 쌓이고 비우는 감정의 소리, 뺏기고 빼앗는 경쟁의 소리, 맺히고 풀어내는 애환의 소리, 생과 사를 넘나드는 아비규환의 소리가 있다. 서로 다른 음률, 서로 다른 장단, 서로 다른 사위지만, 그러면서도 신기하게 하나로 이루어 사는 사회적 조화가 바로 삶의 가락이 아니던가.

일상에서 웃고 우는 우리 사연들이 모두 소리이고 가락이듯, 행복과 불행, 애증과 갈등, 위선과 진실, 성공과 실패, 심지어는 죽음까지도, 슬픔과 기쁨으로 이어지는 가락의 연속이다. 과거도 가락으로 살았고, 현재도 가락으로 살고 있으며, 미래도 가락으로 살아야 된다.

나이가 들고 연륜이 쌓이면서 사회적 책임, 가정적 책임이 무거워지듯 가락의 의미도 점차 무거워지고 가빠지게 마련이다. 천진하고 해맑은 동요가 어느 날 사랑과 이별을 넘나드는 유행가를 넘어 생사의 경지를 깨닫게 하는 회심곡으로 바뀐다.

평탄치 못한 지평에 삶의 조화를 세우자니 그 숱한 애환 무엇으로 새김질하고, 또 무엇으로 다스리겠는가. 저절로 이어지는 탄성과 환희의 소리는 자연히 무겁고 가빠진 회한의 가락일 수밖에 없다.

높고 낮은 삶의 차이만큼 사람마다 가락의 차등도 헤아릴 수 없다. 고통과 쾌락의 소리들이 무상한 것처럼, 가락도 인생 따라 울고 웃으면서 무상하게 들고난다. 각자의 소리면서 모두의 가락이 될 수도 있고, 공통의 가락이면서 개인의 소리로 바뀔 수도 있다.

삶의 가락은 굳이 배우고 가르침이 없어도 자연스럽게 전승된다. 즐거울 땐 덩실덩실 춤사위가 나오고, 슬플 땐 마디지는 흐느낌으로 어깨까지 들썩댄다. 목로주점 때 절은 탁자가 패이도록 두들겨 대던 젓가락 장단도 애환의 취흥으로 불러댄 삶의 가락이었다.

그래서 가락은 누구에게나 몸속에 배어 있다. 일상에서 자연스럽게 익혀온 것들이 모두 가락이다. 철로 위를 달리는 기차의 기적소리가 그렇고, 물살을 가르며 항구를 떠나는 뱃고동 소리가 그렇다. 구류(九類)중생을 깨어나게 하는 깊은 산사 범종의 은은함도 그렇다.

가락이 어찌 사람들 소리뿐이겠는가. 세상에 존재하는 사물(事物)들은 모두 가락이다. 천둥소리, 바람 소리, 빗소리, 물소리 등. 생각해 보면 자연의 가락은 더욱 다양하고 정교함의 연속이다. 작은 떨림의 진동으로도 감지되는 미세한 영혼의 가락에서부터 하늘을 찢으며 지축을 흔드는 벽력 소리에 이르기까지 가락의 조화다.

겨울 나뭇가지 끝에서 울어대는 바람 소리만 들어도 알고, 텅 빈 바닷가 작은 조약돌에서 여울지는 파도 소리만 들어도 알 수 있다. 춘하추동을 넘나드는 자연의 가락, 누구도 억제할 수 없는 인생의 가락을 모두 포용하는 게 우주의 가락이다. 자연 속에서 가락 없는 순간은 허용되지 않는다. 그래서 가락은 영원의 소리, 불멸의 소리라 했던가.

내가 살아온 길을 되돌아본다. 잠잘 때 헛소리까지도 가락이었다. 갈대밭 스치고 지나는 소슬한 바람 소리, 이끼 앉은 돌 틈에서 흘러내리는 계곡물 소리, 숲속의 노래 사철 청아한 수많은 새소리, 번갯불 뻔쩍대며 하늘을 찢는 천둥소리, 교교해진 초가을 달밤 풀벌레 소리 등 수없는 가락이 스쳐 지난 희로애락이었다.

혹한의 겨울밤 문풍지 울어 외는 칼바람 소리가 가락이 될 수도 있고, 새벽달 굽어진 늦가을 밤 뒷동산 부엉새 무거운 울음소리가 가락일 수도 있다. 어스름 봄밤, 산골 처녀들 잠 못 들게 하는 총각들의 버들피리 소리도 가락이고, 땀 절은 삼베적삼 풀어 헤치고 앞가슴 출렁대며 보리방아 찧어대던 쿵더쿵 절구질 소리도 선인들의 가락이었다.

삶의 구비마다 애환을 스쳐 넘는 수많은 가락과 장단은 모두 자연의 소리와 어울렸다. 죽어갈 때 마지막 신음 소리, 땅속으로 묻히러 갈 때 상엿소리까지 삶은 이렇듯 자연과 더불어 가락으로 이어진다. 모든 존재는 가락으로 살다가 가락으로 끝난다. 가락은 존재를 의미하고, 존재는 곧 가락으로 확인된다.

내 삶은 어느 가락이었던가. 친구의 영정 앞에 앉아 자문자답의 수렁에서 헤맨다. 슬픈 가락이었는가. 기쁜 가락이었는가. 높은 가락이었나, 낮은 가락이었나. 진실의 가락이었나, 위선의 가락이었나. 아니면 죽음으로 들어야 하는 독경(讀經)의 가락인가.

개인의 가락은 곧 인격이다. 얼마 전 격(格)을 강조한 어느 인사의 칼럼을 읽은 기억이 새롭다. “오동나무는 천 년이 돼도 항상 곡조를 간직하고, 달은 천 번을 이지러져도 본질에는 변함이 없다”고 했다. 이건 바로 고고한 삶의 기품을 강조한 고사다. 기품이란 곧 가락의 격(格)이다. 사람에는 인격이고, 사물에는 품격이다. 오늘날 우리들의 삶에서 넘나드는 진정한 가락은 무엇일까. “그 사람 놀던 가락이 있었는데” 늦은 밤 친구 영정 앞에서 나를 다시금 생각해 본다. (2009. 2. 1)

존재를 위하여

존재(有)는 없음(無)에 대한 반대개념이다. 또 없음도 있음에 대한 반대개념이다. 이처럼 존재는 항상 있고(有) 없음(無)을 전제한다. 따라서 시공 속의 모든 존재는 반드시 명멸(明滅)을 반복한다. 있다가도 없고, 없다가도 있는 게 존재다. 윤회(輪回)는 사람에게만 적용되는 진리가 아니다. 어느 곳도, 어느 것도 예외일 수 없다.

무심하게 흔들어대는 나뭇잎은 바람의 존재를 위함이고, 사계절이 윤회함은 세월의 존재를 위함이며, 밤과 낮의 교차는 해와 달의 존재를 위함이다. 형이상학적인 시간도, 형이하학적인 사물도 모두가 서로의 존재를 위한 함수관계다.

사람의 존재인들 말하여 무엇 하랴. 시한 되면 죽고 태어나기를 반복한다. 언제 태어나고 언제 죽을지는 알 수 없지만, 있음과 없음의 이치는 서로 껴안고 한 몸 되어 뒹군다. 역사 또한 하나도 다를 게 없다. 흥망성쇠로 부침을 반복해온 게 역사가 아니던가.

삶의 노력은 존재가치를 지켜내기 위한 작업이다. 끝없는 욕망도, 놓을 줄 모르는 집념도, 피땀 쏟는 경쟁도 모두가 존재를 위함이다. 개인생활도, 집단생활도 똑같다. 군림하는 존재와 복종하는 존재는 상하의 차이뿐이다.

똑같은 시기에 태어나고, 똑같은 환경에 성장하고, 똑같은 조건의 교육을 받아도 결과는 반드시 서열의 차이가 나타나게 마련이다. 서열의 차이는 곧 존재가치의 차이다. 존재가치는 대개 세 가지로 구분된다.

꼭 필요한 존재, 있으나마나 한 존재, 있어서는 안 될 존재다. 특히 사람은 사회적 동물이다. 때문에 개인의 존재가치는 사회적 가치에 비례한다. 꼭 필요한 사람, 있으나마나한 사람, 있어서는 안 될 사람으로 구분한다. 농담 삼아 하는 말이지만 그냥 농담만은 아니다.

나는 과연 어느 부류에 속하는 존재인가. 부질없지만 가끔 한 번씩 내 존재가치를 확인해보고 가당치 않음에 코웃음 친다. 존재가치 평가는 반드시 남들이 하게 마련이다. 내가 지어 붙이지만 내 이름은 남들이 불러주듯, 내 존재가치도 남들이 평가해야 한다. 자기가 자기를 평가하는 자화자찬으로 비웃음 사는 존재들이 얼마나 많은가.

사람들은 흔히 운명을 논한다. 누구는 운이 좋아 성공했고, 또 누구는 운이 나빠 실패했다고 한다. 논리적으로 불가사의한 일이지만 우리는 옛 부터 운명을 거의 신앙으로 삼아왔다. 이름 하나 짓는데도 운명을 생각했다.

하기야 이름 하나 걸고 사는 게 모든 존재의 의미다. 잡초, 미물에 이르기까지 세상에 이름 없는 존재는 없다. 하물며 만물의 영장임을 떠드는 사람으로서 이름의 중요성을 신앙처럼 여겨온 것도 어쩌면 당연하다.

이름이 좋아야 명도 길고 출세도 할 수 있다는 명교사상(名教思想)의 뿌리는 중국이다. 공자(孔子) 맹자(孟子)는 이름을 중시한 명교사상의 시조다. 생각해 보면 인생역사 기록은 이름에서부터 시작된다. 태어나면 제일 먼저 호적부에 이름부터 기록한다.

생사고락, 흥망성쇠, 희로애락의 역사적 운명이 이름으로 연결된다는 작명가들의 주장은 거의 통념화 됐다. 이름의 속성은 특이하다. 한낱 부호(符號)의 의미를 떠나 실체(實體), 실존(實存)을 연상케 한다.

이름은 분명 존재를 위함이다. 집집마다 대문 앞에 문패를 단다. 들고 나며 자신의 존재를 확인한다. 누구든지 이름 앞에는 반드시 체면과 명예라는 것을 동반한다. 명예나 체면 때문에 생사가 갈리기도 한다.

역사와 사회 속에서 자신의 존재를 명예(名譽)라는 가치로 남기려는 집념은 처절하기까지 하다. 이름을 아름답게 가꾸면 개인의 명예나 체면은 물론, 후대 자손만대, 가문의 명예까지도 아름답게 가꿀 수 있다는 욕심 때문이다.

그러나 욕심만으로 체면과 명예를 얻을 수는 없다. 잘못된 욕심은 오히려 존재가치를 망친다. 좋은 이름을 찾는 명교사상 속에는 반드시 숭덕사상(崇德思想)이 존재하고 있다. 덕을 쌓지 않고 존경받는 명예나 체면은 없었다. 살면서 덕을 쌓는 일도 존재를 위함이다. 자신의 존재가치는 반드시 자신이 만들어 낸다. 그것이 진실한 수양이고, 또 그것이 모두가 추앙하는 덕이 된다.

덕은 능력과 실천을 요구하는 기능적 개념인 동시에, 양심과 진실을 요구하는 도덕적 개념이다. 기능적 개념을 강조한 것은 서양적 사상이고, 도덕적 개념을 강조한 것은 동양적 사상이다. 즉 기능적 개념은 실천하는 능력이고, 도덕적 개념은 판단하는 양심이다. 동서고금을 막론하고 양심과 능력은 덕의 기준이었다. 덕을 갖춘 정치가는 민생을 편안케 했고, 덕을 갖춘 스승은 훌륭한 제자들을 배출했다.

덕은 보이지 않는 무서운 힘을 가지고 있다. 모두가 공감하고 따르게 하는 덕의 힘은 현명함으로 판단하는 양심과 능력의 힘이다. 빛나는 이름, 빛나는 존재는 곧 양심과 능력, 그리고 현명함을 인정받는 힘이다. 그 이름만으로도 자손 대대로 전해질 명예고, 체면이며, 또 자랑의 역사다. 무엇이 존재를 위함이며, 무엇이 가치를 위함인가. 치열해진 생존경쟁에 살벌한 오늘의 세태를 생각해 본다. (2009. 8. 24)

내 희망은 무엇인가

과거도 아니고, 현실도 아니고 항상 미래에 존재한다. 바람처럼, 영혼처럼 보이지도 않는다. 그러나 누구도 그 존재를 부정하거나 거부하지 못한다. 항상 목마르게 올려다보는 막연함이고, 애타게 갈구하는 환영(幻影)이다. 캄캄한 하늘에 반짝대는 별빛이고, 절망의 늪 속에서도 피를 거꾸로 세우는 마력이다. 하늘이 무너져도 솟아날 구멍을 가리키는 나침반이고, 수천 미터 지하 갱도에서도 삶을 찾아내는 불빛이다.

그 이름, 희망이다. 누구나 희망이 있기에 산다. 삶의 의미와 가치기준까지 좌우한다. 누구는 이상(理想)이라고도 한다. 따라잡았다 싶으면 어느새 멀리 달아나서 손짓하고 있는 꿈이다, 그래도 그 꿈 하나 움켜쥐고 사는 게 우리들 인생이 아니던가. 때로는 제물에 지쳐서 주저앉기도 하고, 통한의 저주를 퍼붓기도 하지만, 막상 버릴 수도 없고, 또 한 발짝도 벗어날 수가 없으니, 그 또한 운명을 함께해야 하는 영원한 삶의 동반자다.

소중한 길, 원대한 길을 향해 혼자만 추구하는 삶의 가치다. 잘못 가면 실패의 길이고, 잘 가면 성공의 길이다. 고군분투하며 눈물을 뿌리고 피땀을 쏟는다. 그래도 그 집념은 버리지 못한다. 누구나 삶은 바로 희망이다. 희망이 없으면 죽음이다.

너는 가졌는가. 가졌다면 얼마나 가졌는가. 그 부피는 얼마이고, 무게는 얼마이던가. 서리서리 가슴에 품었는가, 차곡차곡 머릿속에 쌓아두었는가. 색깔은 영롱한 무지갯빛이던가, 아니면 6월 아침 이슬 머금은 장밋빛이던가. 그놈의 '희망'이 무엇이기에, 운명의 한 가닥처럼 가슴에 품고 만고풍상 헤치며 고군분투한단 말인가….

나도 어렸을 땐 밀짚방석 펴놓은 앞마당에 누워 높은 하늘에 하염없이 흐르는 은하수처럼 희망 하나 다짐하며 여름밤 이슥하도록 밤잠을 설친 적이 한두 번이 아니다. 부모처럼 가난하지 말아야지, 전깃불 밝히고, 학교 가까운 읍내로 나가 살아야지, 건넛집 장우처럼 중국집에 취직해서 맛있는 자장면이라도 실컷 먹어야지, 아니야, 고학을 해서라도 선생님만큼 훌륭한 사람 돼야지, 그럴 때마다 하늘을 타고 무한하게 떠돌던 소박한 희망….

학년 초마다 새 책을 받으면 더러워질까 염려스러워 헌 달력 찢어 표지를 덮어 싼 후엔 반드시 그 안쪽 여백에다 "인내는 쓰다. 그러나 열매는 달다", 혹은 "실패는 성공의 어머니" 등 숱한 금언들을 적어가지고 다녔다. 지금도 생각하면 그 희망이 가상스럽다. 공책검사 때마다 "너는 커서 뭐가 희망이냐"고 물으시던 선생님 앞에서는 막상 대답도 못하면서, 그래도 어렴풋한 '희망' 하나가 가슴에 자리 잡기 시작하던 시절이었다.

철없던 가슴속에서도 행복과 불행 사이에서 일어나는 아릿한 통증 같은 것을 느꼈는지도 모른다. 어린 마음 이었기에 헐벗고 배고팠던 현실이 더 아팠을 것이다. 그래서 내 희망은 가난을 벗는 것, 친구들처럼 전깃불 환한 도시 학교 근처에서 살아 보는 것, 좋은 옷 입고 배불리 먹는 것이 가장 큰 희망이었을 것이다.

그래서 내 가슴속에 자리 잡은 '희망'은 아교풀 같은 집착이었다. 어찌 나쁜 이었겠는가. 6.25전란이 할퀴고 간 시대적 환경이 모두 그랬었다. 지금 생각해 보면 누구나에게 필연적 현실이었다. 서러운 세월의 희망은 기쁨을 찾아내는 것이었다.

물속에 비친 빛바랜 조각달 하나 건져내지 못했지만, 그나마 희망이 있었기에 오늘의 추억이 만들어진 것이다. 돌아보면 마디진 추억들이 많다. 이미 세상 떠나신 지 오래인 어머니 아버지를 생각하면 눈물이 고인다. 부모님들이 자식들에게 그토록 염원하던 희망이 무엇 이었는지, 어렴풋하게나마 떠오른다. 나 또한 자식들에 대한 똑같은 희망하나 뿐이다. 언젠가 기쁜 날이 오겠지, 막연한 '희망'….

희망이 지나쳐 욕망이 되고, 욕망이 지나쳐 욕심으로 변해, 다시 좌절과 고통으로 반복되기를 거듭하면서 오늘에 이른 것이 나다. 이젠 희망도 늙었다. 절망이 손짓하는 석양마루에 섰다. 그토록 시원하던 바람도 시리다. 머리는 백발이 됐고, 주름진 얼굴엔 세월의 이끼처럼 검버섯 점투성이….

희망은 반드시 나이에 비례하고, 체력에 비례하기 마련이다. 나이에 걸맞지 않는 희망은 분수 모르는 욕심이다. 낮에는 햇빛처럼, 밤에는 별빛처럼 희망만 쳐다보고 살다보니 분수 잃기 십상이다. 어느 날 눈이 침침해지고, 뒷목이 뻣뻣해지면서 현기증이 생긴다. 높은 곳만 쳐다보고, 즐거운 것만 생각하고 살아온 욕심의 후유증이 찾아온 것인가….

고개를 숙여 낮은 곳을 살펴본다. 희망은 높은 곳에만 있는 게 아니라는 사실을 비로소 발견하게 된다. 분수 지켜 사는 깨달음인가. 낮은 곳에도 숱한 생명들이 깔려있다. 발끝마다 이름 모를 꽃들이 지천으로 피어있고, 이름 모를 생명들이 쉼 없이 움직이고 있다. 저 하찮은 생명들에게도 모두 희망이 있겠지….

꽃들은 열매를 맺어야 하고, 벌레들은 겨울을 준비해야 한다. 우주의 순리와 진실이 깔려있어 땅에도 분명하게 희망이 있음을 증거 한다. 그때서야 내가 처한 현실의 희망이 여기 있음을 깨닫는다. 분수 모르는 희망은 허영이고, 위선임을 알려준다. 희망과 욕심은 범부의 일상에서 구별하기 힘든 경지다. 다만 수신(修身)된 인격의 혜안(慧眼)뿐이다. 희망은 어길 수 없는 자연의 순리다. 자연의 순리 속에 행복도 있고, 평안도 존재한다.

세상에 그냥 생기는 것은 아무것도 없다. 희망이란 이름도, 절망이란 이름도 고통과 시련이 동반한 마음에서 생겨난 것이다. 행복과 불행의 이치와 다르지 않다. 이름 석 자 붙인 얼굴 한 뼘 때문에 생겨나는 게 희망이고 절망이다. 왜 희망이고 절망인지는 나만의 깨달음이다. 우리는 희망이란 주춧돌 위에 삶을 설계한다.

희망은 멈출 수 없다. 높은 희망이든 낮은 희망이든 삶은 곧 희망이다. 나는 무엇으로 사는가. 음습한 시장골목에 풋나물 몇 뭉치 올려놓은 좌판 하나에 생업을 걸고 앉아 애달프게 행인들을 불러대는 노파 행상의 희망은 무엇일까. 네온사인 휘황한 환락가 윈도에서 벌거벗고 앉아 젊은 육체를 미끼삼아 얼빠진 불나비들의 호기심을 등쳐먹는 나이 어린 매춘부들의 희망은 무엇일까. 반신불수 되어 지팡이 하나에 의지한 채 어디론가 절뚝대며 열심히 걸어가는 몰골 야윈 중년남자의 희망은 무엇일까….

하염없이 쳐다본다. 그렇다. '희망'은 동서고금 만인의 화두다. '희망' 하나 있기에 '행복' 하나도 존재한다. 이제부터 내 희망은 무엇일까…. (2008. 10. 17)

나라는 존재

홀수 연도 출생자 무료 건강검진을 받던 날이다. 국가의 보건정책 혜택이 '나'에게도 돌아오는구나 생각하니 오늘의 '나'라는 존재가 새삼스럽다. 회충을 잡기 위해 운동장 모퉁이 드럼통에서 삶아낸 해초(海草) 국물을 집단으로 먹이던 60여 년 전 초등학교 시절, 정부의 구충(驅蟲)정책이 떠오른다.

이른 아침 텅 빈 공복에 허기를 안고 건강검진센터로 달려갔다. 마침 독감 예방주사를 접종하려는 사람들까지 몰려들어 대기실은 가히 난장판이다. 게다가 "신종 플루 감염자 15번째 사망" 소식을 떠드는 TV까지 난장판 군중심리에 기름을 끼얹는다.

동료들의 등짝을 사정없이 짓밟고 꼭대기로만 오르는 미물들은 허공뿐인 끝장을 알지 못하듯, 살겠다고 아귀다툼하는 사람들의 생존경쟁 심리도 미물들과 다르지 않음을 생각하노라니 '나'라는 존재 역시 측은함으로 휩싸인다.

해방 후 격동기, 전란 후 혼란기, 삶의 경쟁에 처절했던 군상들의 아우성이 뇌리를 스친다. 무모한 욕심은 죽음과도 맞선다고 했던가. 시중 병원보다 불과 몇 천 원 값싼 혜택 때문에 이른 아침부터 저토록 아수라장을 방불케 하는 시민의식들….

언제부터이던가. 조락(凋落)의 계절이면 어느 철학교수의 강의 한 토막이 떠오른다. "우리는 누구나 태어날 때부터 죽음을 약속받는다. 그것도 절대자인 신의 약속이다." 신에게서 죽음을 약속받고 사는 게 인생이다. 그런데도 사람들은 신과의 약속을 생각하고 사는 사람이 거의 없다.

신의 약속을 불신하는 걸까. 아니면 당연하기에 생각조차도 잊자는 걸까…. 나 또한 별로 다르지 않다. 70평생을 살아오면서 신의 약속을 의식하고, 일상에서 죽음을 고민해 본 적이 한 번도 없다. 작은 일에 이해타산은 민감하면서 준엄한 죽음의 약속은 남의 일처럼 무관심하게 살아왔다.

허기야 어떤 능력으로도 죽음을 막을 길은 없다. 아무리 건강검진을 한다 해도 죽음을 막을 수는 없다. 감기 예방주사가 죽음을 막을 수는 없다. 생성에서 소멸에 이르는 것은 모두 신의 지배가 아니던가. 삶은 곧 죽음이고, 죽음은 곧 삶이다. 전지전능한 신의 약속이 깨어질 수는 없다. 권력도, 재력도, 학력도, 종교도, 문명도 신과의 약속인 죽음을 극복한 분야는 어디에도 없다.

의자에 주저앉아 멍하니 차례를 기다린다. 창 너머 가시철망 울타리 사이로 누가 심지도 않은 호박덩굴 하나가 늦가을 찬바람에 흔들리고 있다. 가녀린 덩굴손이 아무것도 휘어잡을 것 없는 허공을 향해 삶의 욕심을 호소하고 있다. 그러나 욕심일 뿐이다. 며칠 뒤면 서리가 내릴 텐데…. 그렇다. 영생은 없다.

안타깝게도 영생을 떠드는 것은 일부 종교 신앙단체뿐이다. 그중엔 삶을 위해 모든 것을 바치려는 인간심리를 이용하는 혹세무민도 많다. 정신적 영생을 기구하는 신성한 신앙이념을 교묘한 상술논리로 변질시키는 사이비 종교집단도 성행한다. 장수영생을 염원하는 인간심리를 이용한 악덕상혼은 또 얼마나 많은가.

영생도, 부활도 모두 거짓말이다. 자비의 성인 석가가 죽은 지 4천 년을 넘었고, 사랑의 성인 예수가 죽은 지도 2천 년을 넘었지만 지금까지 아무에게도 재림도 없고 영생도 없다. 세월의 흐름 따라 모든 존재는 명멸을 반복할 뿐이다. 불가에서 이르는 윤회다. 세월가면 나이 들고, 나이 들면 늙어가고, 늙어지면 죽는 것은 순리다. 태어날 때 이미 죽음을 동행하듯, 젊음 안에는 늙음이 동행한다.

그러나 과학문명이 발달하면서 사람들의 욕심은 교활하게 변화되고 있다. 신의 섭리마저 부정하고 거부하는 현실이 됐다. '존재'는 곧 '부재'라는 등식을 망각하고 있다. 시간의 속도만큼 죽음을 향해 달리고 있다는 사실을 전혀 생각지 않는다.

여름에도 겨울처럼, 겨울에도 여름처럼 살려는 오늘의 생활세태는 계절의 윤회질서마저 깨버렸다. 유전공학, 생명공학을 떠들면서 인조생명들까지 등장했다. 품종개량이란 이름으로 식물계는 말할 것도 없고, 소 돼지 개 양 등 인조동물이 등장한 지는 이미 오래됐다. 암수의 결합만으로 생성되던 생명의 존재섭리가 인공화됐다. 머지않아 인조인간도 기계화되거나 공산품으로 출시될 수 있을 것이라면 지나친 비약일까?

회전목마는 돌아서 다시 제자리로 오지만 인생은 한 번 가면 끝이다. 영원한 생명은 없다. 그게 바로 영원한 신의 약속이다. 신의 약속은 불문율이지만 어느 실정법도 따를 수 없는 엄정함이 있다. 영웅호걸도, 명현석학도 신과의 약속을 어기지는 못했다.

나도 어릴 때는 나이를 먹고 싶은 적이 있었다. 이루지 못할 꿈과 허영에 들떠 철없이 방황하던 사춘기 때였다. 빨리 어른이 돼서 내가 머물러야 할 의젓한 자리에서 여유를 부리고 싶었다. '나'라는 존재를 으스대며 만족을 누리고 싶었다. 나이만 먹으면 자연스럽게 군림하고 지배하는 줄만 알았다.

그런데 막상 여유로울 것이라고 생각했던 나이에 이르고 보니, 내 존재는 부질없는 꿈과 허영에 들떠있음을 깨닫는다. 그저 여유나 부리고 군림할 수 있을 만큼 세월은 그 자리에 그대로 멈춰 서있는 것을 용납지 않았다. 몸이 마음을 따라주지 않고, 마음이 몸을 따라주지 않는다. '나'라는 존재의 한계인가. (2009. 10. 11)

바람 이야기

"내 님은 바람이련가/ 스치고 지나는 바람/ 오늘도 잠 못 이루고 어둠 속에 잠기네…" 한 시대를 유행했던 어느 가수의 바람 노래다.

영혼인가, 세월인가. 눈으로 볼 수도 없고 손끝으로 잡을 수도 없다. 그러나 어느 누구도 존재를 부정하거나 거부할 수 없는 바람…. 날마다 무심한 시간을 관통해서 어디론가 끊임없이 가고 온다. 말없이 서있는 나뭇잎도 흔들고, 무당집 장대 끝에 매달린 초혼의 깃발도 펄럭이면서…

어느 문인은 "산다는 것의 8할은 바람"이라고 했다. 누구나 살면서 희로애락을 반복하듯, 삶의 주변엔 언제나 크고 작은 바람이 스치게 마련이다. 그렇다. 우리 삶은 굽이굽이 바람이다. "바람 잘 날 없다"는 속담은 그냥 속담이 아니다. 삶이 바람 같다는 말이다. 뒤돌아보면 나 역시도 바람처럼 살아왔다.

바람은 무상한 변화이기도 하고, 부침을 거듭하는 흥망성쇠이기도 하다. 또 기다림과 그리움을 달고 다니는 사랑과 희망일 수도 있고, 저주와 증오가 넘나드는 충격과 절망일 수도 있다. 크고 작은 바람, 차고 더운 바람…. 느끼고 생각하는 사람마다 다르다.

바람만큼 다양성을 가진 서정적 존재도 없다. 많은 사람들이 시로 읊고 노래로 부른다. 또 바람은 사랑이다. 사랑이 흔한 사람은 "바람잽이" 또는 "바람 꾼"이다. 가슴 한복판을 밀고 나서는 바람은 거의가 사랑과 무관치 않다.

바람은 생명과 공존하면서도 시공을 초월한다. 물불 가리지 않고 우주공간 어디든지 가득하지만 특정인의 소유이기를 거부한다. 하늘과 땅 제한된 곳 없이 넘나드는 무한한 자유를 상징한다. 질량도 있어 지나치게 들어간 풍선은 터지고 만다.

새 삶을 불러오는 봄바람은 생명의 바람, 희망의 바람이다. 청천벽력으로 지축을 흔들어 소낙비 쏟아내는 여름바람은 역동의 바람이고, 산야에 고운 빛 물들이는 소슬한 가을바람은 결실의 바람이다. 또 삭풍 울어대는 겨울바람은 생사를 넘나드는 시련의 바람이다.

사람은 누구나 세상에 한 번 태어나 한 번만 살다가 한 번의 죽음으로 지워진다. 자기가 원해서 세상에 태어나는 사람 없듯, 태어나면서부터 자신의 미래를 아는 사람도 없다. 바람처럼 태어나 바람같이 살다가 어느 날 바람같이 없어지는 게 인생이다.

그래서 바람은 사람들의 임이기도 하고 벗이기도 하며, 또 영혼이기도 하고, 사유의 뿌리이기도 하다. 만져지지 않는 바람, 만져도 부스러지지 않는 바람, 어디선가 밀려와 휑하니 스치면서 우리들의 가슴마다에 막연한 생각 한 아름씩 쏟아놓기 일쑤다.

바람의 노래, 바람의 시는 절절한 우리 삶의 서정이다. 가다가 멈추고, 멈추었다 소용돌이 치고, 다시 또 모르는 척 태연하게 스치는 바람. 어쩌면 "바람 잘 날 없는 우리들 인생"의 실체가 아니던가.

성공하는 바람, 실패하는 바람…. 올해도 지방자치 선거바람이 심상치 않다. 체제를 부정하며 사회혼란만 충동질하는 좌파들의 역풍일지, 아니면 안정으로 경제대국을 지향하는 우파들의 순풍일지, 오늘의 정치바람은 좌충우돌 양상이다.

지난날 백년집권을 장담하던 열린 여당을 무너뜨리고, 야당인 한나라당을 다시 여당으로 선택한 것도 알고 보면 안정을 지향하는 민초들의 정치바람 때문이었다. 그래서 바람은 반성을 재촉하고, 절망을 씻어내고, 그리고 새로운 다짐과 재기의 교훈이 되기도 한다.

반드시 허상은 무너지고 진실은 드러나게 마련이다. 바람은 그냥 불지 않는다. 정치바람도 예외가 아니다. 바람 끝에는 반드시 변화가 따르게 마련이다. 때로는 머리도 식혀주고 해방감도 안겨주는 게 바람의 진실이다.

복잡한 일상을 벗어나 산과 들, 바다로 소풍하는 이유도 이 때문이다. 삶은 채우기도 중요하지만 바람처럼 버리고 비우는 것도 중요하다. 깨닫고 버릴 줄 아는 지혜는 자기를 가꾸는 작업이다. 나무를 아름답게 가꾸는 지혜는 가지쳐내기를 잘해야 한다.

바람은 항상 새바람이다. 한순간도 정지된 바람은 없다. 바람은 자기를 고집하지 않는다. 스스로를 끊임없이 버리고 비우기를 반복한다. 바람의 소리, 바람의 노래를 진지하게 들을 줄 아는 지혜를 깨우쳐야 한다. 옛날 우리들의 어머니는 긴긴밤 문풍지 울어 에는 겨울바람소리 들으며 인고의 세월을 마음속에 새기시곤 하셨다.

신바람은 신이 주는 바람이다. 어려운 줄 모르고 자기 일에 몰두하는 사람을 가리켜 흔히들 신바람 났다고 한다. 나가는 바람, 들어오는 바람, 큰 바람, 작은 바람 모두가 신만이 아는 바람이다.

바람은 일정한 곳, 사는 자리가 없는 나그네다. 항상 떠남으로 시작해서 만남으로 바쁘다. 그래서 세상 모두가 내 이웃이고, 내 친구들이다. 오라는 곳은 없어도 가야 할 곳은 많다. 바람이 떠난 자리는 허무다. 태풍이 떠난 자리는 적막과 슬픔이다. 빈자리에서 존재가 더 선명해지는 것도 바람의 흔적이다.

바람은 오는 길도 못 막듯, 가는 길도 못 막는다. 사물의 흔들림 보고 오가는 길 짐작하고, 스치는 감각으로 존재를 확인할 뿐이다. 떠남도 익숙해졌고, 만남도 낯설지 않다. 어디서 누굴 만나도 주저함도 없고, 머뭇거림도 없다.

사람은 태어나서 죽을 때까지 바람을 먹고 산다. 어느 문장가는 "우리의 뿌리는 바람 속에 있지만 가볍게 포기하지 않고 사는 것도 바람 때문"이라고 했다. 삶은 곧 바람 이야기다. (2007.11.)

가을이 오면 무거워진다

생각도 여무는가, 가을이 오면 상념이 무거워진다. 근교 동산 언덕에 올라 이슥한 밤 이지러진 초승달빛 허공에 걸고 풀 섶에 앉았노라면 빛바랜 먼 날의 상념들이 이놈저놈 다가와 얼굴을 내민다. 그중에는 까맣게 잊어졌던 놈들도 있고, 떠올리기조차 소름 끼치는 놈들도 있으며, 나이테처럼 가슴 깊이 새겨놓고 기다리던 놈들도 있다.

곡식이 여물면 머리 숙이듯, 무거워진 상념은 내 인생의 결실인가. 추억, 기억, 반성, 회개, 온갖 환상들이 바쁘다. 어느 놈은 나타나기조차 켕기는지 뒷전에서 어물대고, 어느 놈은 너스레 떨면서 넉살 좋게 소주 한 잔 하자고 달려든다.

그래! 한잔 마시자. 내 무슨 이유로 마다하고, 거부할 것인가. 이럴 때 마시는 게 술이 아니던가. 악연이든 호연이든 내 나이 70평생을 살아오면서 맺은 인연들, 내 어찌 너희들 만난 이 마당에 맨입으로 스칠 수 있으랴. 더구나 저토록 애절하게 울어 에는 풀벌레들의 유장한 사연이 가슴 저리게 하는데….

안주는 무슨 놈의 안주? 각자의 사연들 이것저것 한 꼬치씩 뽑아 먹으면 되지…. 풀 섶에서 울어대는 미물들조차 어찌 그리 내 마음을 잘 아는지. 보고 싶은 얼굴, 생각나는 사람들을 번갈아 불러댄다. 그뿐인가. 잊어도 되고, 버려도 될 잡념들까지도 용케 찾아 몰고 온다. 살아온 굽이굽이 매어두고 묻어둔 사연들은 또 얼마나 많은가.

신의 눈물인가, 불멸의 선약인가. 골목길 허름한 가겟집 푸석한 아주머니가 담아준 비닐봉지를 연다. 투명 무색한 알코올 액체는 아득한 심연을 우려낸 듯, 한 잔 또한 잔 짜릿한 감성이 목줄 타고 흐를 땐, 얼핏 고뇌나 희열의 맛도 느끼지만, 때로는 유혹과 충동도 느끼게 하는 싸한 묘약이 아닐 수 없다.

새우깡 아삭대는 맛에 홀짝댄 소주 기운이 초가을 밤 골안개처럼 아리하게 온몸으로 퍼진다. 가끔씩 지나는 아베크족 말고는 발길도 뜸한 언덕 풀밭엔 어느새 이슬이 촉촉하다. 여름가고 올해도 벌써 추석이 다가온다. 피땀 흘려 스친 세월은 어언 가을로 여문다.

불현듯 '지금'이라는 순간이 다가선다. 언제나 내가 살아온 세월이 '지금'이 아니던가. 취흥인가, 환상인가. 정점(頂點)이 어디이고, 종점(終點)이 어디인지 헤아리지 못하는 가슴앓이 속에서 '지금'까지 살아냈다는 것만으로도 대견스럽다. 다시 돌아갈 수 없는 지난날들을 아느냐고 스스로 자문자답도 해본다.

이런 때면 심연에 쌓였던 감성들까지도 고개 들고 나와 나도 한잔 먹자며 또 한잔의 갈증을 충동인다. 술이란 묘하다. 먹으면 또 먹는다. "세 잔을 마시면 대도에 통하고, 말술을 마시면 자연에 합한다.(三盃通大道 一斗合自然)" 당대(唐代) 시선(詩仙) 이태백의 시 '독작(獨酌)'의 한 구절이다.

내 어찌 감히 선인(仙人)의 시심에 견줄까 마는, 초가을 밤 산언덕 풀밭에 홀로 앉아 소주 몇 잔 독작하노라니 자연이 가져다 준 '지금'이라는 현재가 다시 한 번 소중함으로 다가선다. 과거는 과거고, 미래는 미래다. 오직 '지금'만이 현실이다. 살아온 날들 구비마다 매듭지어진 청춘의 투정도, 과욕의 허망도 모두 다 부질없는 것들….

아스무리해진 취기인가. 발아래 아득하게 내려다보이는 도심의 밤풍경이 불야성이다. 어느 축제가 저리도 화려할까. 낮에 피는 꽃이 자연의 예술이라면, 밤에 피는 도심의 불꽃은 인간의 예술이다. 지칠 줄 모르고 헐떡대며 춤추는 네온불빛은 무엇이 그리도 신나는지…, 꼬리 물고 강물처럼 흐르는 자동차 라이트 빛 뒤엉켜 도심의 야경은 더욱 취한다.

햇빛 아래선 꼼짝도 못하던 불빛들이 해가 죽어 어둠 덮이니 억압을 벗어난 해방특구다. 밤이 있어 화려하게 살아나는 불빛,

그래서 태양은 황혼을 덮고 장열하게 죽었는가 보다. 이런 것들이 진정 삶의 모습인가, 저토록 화려한 불빛 속에선 지금 어느 삶이 비지땀을 쏟고 있을까. 아니, 어느 가련한 신세가 한숨 토해내는 상념으로 허덕일까.

밤이 더 바쁜 불나비족들의 삶을 생각해 본다. 진시황의 영화인가, 솔로몬의 지혜인가, 아니면 생애구책의 몸부림인가. 이상과 현실 속에서 저토록 바쁘게 번뜩대며 달려가야 하는 삶의 행선지는 어딜까. 얼마 후면 다시 해가 뜰 텐데…. 저들은 '지금'의 시간을 깨달을까.

상념의 불꽃들이 가슴으로 파고든다. 과거가 현재가 미래가 환상되어 지금의 춤판을 벌인다. 밤을 흔들어대는 권세인 양 휘황한 불빛들의 천국이다. 뒤엉켜 바글대던 불나비들처럼 내일 아침 해 뜨면 단박에 없어질 것들…. 하룻밤이면 끝나는 불야성 쌓기는 풋사랑이던가.

어찌 불빛들뿐일까. 보낸 적 없는데 가버리고, 부르지도 않았는데 달려드는 세월은 또 무엇이던가. 세상을 덮을 듯, 하늘을 찌를 듯, 무성하던 여름날 의욕도 주춤대는 계절…. 명멸은 태초부터 정해진 조물주의 섭리다. 없어지고 생겨나는 우리들의 상념 또한 다르지 않다. 울고 싶어도 울지 못하고, 웃고 싶어도 웃지 못하는 인생사 모두가 상념이다.

오늘밤 울적해진 나 또한 상념 때문일 게다. 만질 수도 없고 잡을 수도 없지만 가을 되면 무거워지는 것이 어찌 내 상념뿐일까. 때로는 목울대 타고 올라오는 슬픔이 되고, 때로는 허겁지겁 퍼마셔도 해갈될 수 없는 그리움이 된다. 어느 날 영영 떠나신 어머님의 환상이 저승에서 찾아오고, 아버님 영혼이 구천에서 내려오신다.

충만한 사랑과 환희를 감성의 자리에서 거두어, 이성의 자리에 정돈해 보지만 어느새 어머님의 환상은 지워지고 아버님 영혼은 흔적 없이 떠나셨다. 가을만 되면 이처럼 아련한 그리움이 상념되어 알 수 없는 분기점을 오르내린다.

오르막길과 내리막길로 비유하는 생사의 '분기점'은 도대체 어디쯤일까. 지금부터 얼마나 올라가야 하고, 또 지금부터 얼마나 내려가야 하는 길인가. 삶의 정점을 깨닫고 인생쾌재를 외칠 사람은 지금 이 세상에 과연 몇이나 될까. 찰나에 불과한 정점을 삶의 목적으로 착각하고 아등바등 살아온 미련도 이젠 놓아야 한다. 그래서 가을 되면 더욱 무거워지는 상념들…. (2009. 9. 23)

나와 너의 관계

'나'를 생각해 본다. 바꿔서 '너'를 생각해 본다. 아무리 생각해 봐도 나는 나고, 너는 너다. 우리는 서로가 엄연한 개체다. 그러나 우리는 혼자 살 수 없다. 나한테는 네가 필요하고, 너한테는 내가 필요하다. 사랑으로 애정을 달구는 것도, 우정으로 마음을 나누는 것도 서로가 서로를 필요로 하는 관계가 아니던가.

때문에 나는 항상 너를 지켜봐야 하고, 너 또한 항상 나를 지켜봐야 한다. 좋은 말로는 보완적 관계라고도 하지만, 사실은 서로가 존재의 관계고 대칭적 관계다. 어느 때는 마주 보기만 해도 좋은 즐거움, 어깨를 기대며 서로가 의지하는 정감이 가득하다. 그러면서도 때로는 감시하고 경계하는 눈빛이 서리고, 뾰족하게 돋아난 시기 질투도 있는 게 너와 나다. 너도 나도 인간이기에 애증은 마찬가지 아니겠는가.

태어나는 순간부터 잠들지 않는 운명에 이끌려, 너와 나는 피할 수 없이 이어진 인연이고 운명적 관계다. 내가 없으면 너도 없고, 네가 없으면 나 또한 없다. 내 존재는 반드시 너를 통해서만 가능하고, 네 존재 역시 내가 있기에 가능한 것 아닌가. 내가 있기보다 먼저 네가 있어야 '우리'가 된다는 사실을 너와 나는 알고, 순응해야 한다. 세상에 나 혼자만 존재하는 독불장군은 아무도 없다.

얼마 전 나는 어느 지인의 비참한 죽음을 보았다. 대전에서 손꼽히는 재벌가의 충격적 피살사건이었다. 80도 넘은 나이에 자신의 사무실에서 목 졸려 숨진 채로 발견됐다. 범인은 놀랍게도 오랜 세월 식솔처럼 함께 다니던 운전기사였다. 사건 발생 몇 년이 넘었건만, 그 뒷얘기는 지금까지도 무성하다.

범인의 죄질은 어떤 이유로든 합리화될 수 없다. 그런데도 흉악한 범인의 얘기보다는 죽은 사람의 뒷얘기가 더욱 무성하니, 이 또한 혼자일 수 없는 세상인심인가. 잘못조차도 소신으로 알고 살아온 독선뿐, 그 노인의 주변에선 누구와도 나눔의 얘기나, 자선의 얘기는 없었다.

더구나 후원, 찬조, 이웃돕기 같은 인정과는 무관하게 살았다. 졸부들도 즐기는 그 흔한 매명(賣名)한 번 없었다. 철저하게 모으기만 하다 죽은 '혼자'뿐의 비참한 종말이었다. '우리' 없이 '나' 혼자만 살다 간 고인의 유명이 그래서 더욱 많은 뒷얘기를 만들고 있는지도 모른다. 죽은 자는 말 없으니 더욱 안타깝다.

송사(訟事)과정에서 흘러나온 얘기지만 그가 모은 재산은 시가로 무려 1조원이 넘는다는 소문도 따른다. 때문에 후계자들 간에도 상속권다툼이 치열하다. 모두가 혼자만의 생각, 혼자만의 집념으로 살다간 후유증은 가족 구성원들의 관계까지도 풍비박산 났다. 오로지 '나'만을 집착했던 결과이기는 너무도 한스럽다.

그는 6.25전쟁 때 북한에서 단신 월남했다. 어린 나이에 사선을 넘어온 고난 때문이었을 것이다. 누구보다도 처절했던 삶의 환경을 체험했다. 그래서인가. 몸에 밴 생활 집념도 오로지 '나'뿐이었다. 평소 생각의 바탕도 '너'는 없었다. 우선 나부터다. 억척으로 돈을 모아 지역에서 재벌반열에 올랐다. 절대로 남에게 손해 끼친 일도 없지만, 베푼 것은 더욱 없다. 가진 자가 베푸는 '사회정의 개념'은 "나와 무관한 남의 얘기"일 뿐이었다.

생명은 서로 각자이지만, 생활은 '우리'라는 공동체 속에서 어우러진다. 그러기에 '우리' 속에도 구성원들 각자마다 애증은 불가피하다. 빛이 있기에 어둠이 존재하고, 시작이 있어 끝이 있음과 무엇이 다르랴. 쌓일수록 짧아지는 게 생의 연륜이 아니던가. 네 것일 땐 별것 아니던 하찮은 이해관계도, 내 것이 되었을 때는 두 눈 부릅뜨고 달려드는 세상사가 너와 나의 운명적 관계가 아닌가.

이렇듯 생존의 세상은 나와 너, 상대가 존재하기에 형성된다. 사랑이 존재하기에 증오가 존재한다. 행복만 계속될 수도 없고,

또 불행만 계속될 수도 없다. 반드시 삶의 지평에는 요철(凹凸)의 굽이가 존재한다. 의미와 무의미, 존재와 부재…. 이 모두가 알고 보면 따로가 아니고, 개체가 아니다. 한 치의 오차 없이 만들어지는 기계도 들고 난 톱니바퀴 없이는 돌아가지 않는다.

하나 같으면서도 둘이고, 둘 같으면서도 하나인 세상, 너와 내가 집합된 세상은 그래서 더욱 치밀한 상대적 관계, 이해적 관계가 된다. 가난한 사람들 때문에 부자가 거들먹댈 수도 있고, 어리석은 범부들 때문에 현자(賢者)가 더욱 군자다울 수도 있다. 너와 나는, 아니 세상의 모든 존재는 상생의 관계가 아니던가.

그러나 또 한편으로는 서로가 상대를 견제하고 떠밀어내는 것이, 바로 삶의 현장에서 생기는 경쟁의 이유다. 모두 각자가 저마다 내가 중심이 돼야 한다는 욕심 때문이다. 내가 먼저 가져야 하고, 내가 많이 가져야 하고, 내가 좋은 것 가져야 하고…. 개인 간의 경쟁, 집단 간의 경쟁, 국가 간의 경쟁들이 모두 같다.

신은 하나를 빼앗아 가면 반드시 하나를 돌려준다고 한다. 우리 삶도 마찬가지다. 살다보면 보태질 때도 있는가 하면, 빠져나갈 때도 있다. 한 살이 더 보태지면, 보태진 만큼 줄어드는 게 삶이다. 아는 것도 있고, 모르는 것도 있듯, 결국은 영(空)이 되는 신(神)의 산술 같은 게 삶이 아니던가.

그러나 운전사에게 목 졸려 죽음을 당한 재벌의 안타까움도 오직 '나'뿐이었다. "불가능이 없다"는 나폴레옹처럼, 그의 사전에는 유감스럽게도 '너'는 없었다. 행복 뒤에 불행이 따라오듯, 기쁨이 있으면 슬픔이 따른다는 이치를 몰랐다. 위선일수록 진실을 가장하고, 허상일수록 실상을 가장하기 익숙해진 세상을 몰랐다. 오로지 나만 알았던 것이다.

많은 100의 가치가, 작은 1의 가치를 빼놓을 수 없듯, 개인도 사회도 개체들의 모임이다. 너를 거부하면 나도 거부당한다. 상대성 원리다. 이게 바로 죽임과 죽음을 촉발하는 무서운 현실이 됐다. 없는 사람들에게 조금씩 나눠주며 사는 작은 여유만 보였어도….

세상은 영원한 하나다. 우주의 섭리가 그렇다. 아는 것과 모르는 것이 동반관계이듯, 언제나 너와 나는 동반자다. 가진 자와 못가진 자도 동반자다. 가정에서부터 사회단체, 국가집단에 이르기까지 나와 너는 항상 공동체 관계다. 하나이면서 둘이고, 둘이면서 하나 되는 세상이치는 순리고, 진리다. (2008. 11. 10)

내가 할 짓이 무엇인가

뎅—뎅— 새벽 2시를 알리는 거실의 시계소리가 오늘따라 무겁다. 산사 범종의 운율보다도 더 장중하게 들린다. 오장육부를 더듬고, 전신 핏줄을 감돌아, 감성의 심연까지 굽이굽이 파고드는 소리다. 적막한 삼경은 나만의 시간인가. 옛 같지 않게 잠이 얇아지더니 요즘은 무슨 청승으로 새벽 1~2시면 깨어진다.

그렇다고 거실에 나가 불 켜고 서성대기도 애매한 시간이다. 옆에 자고 있는 아내에게 안면을 방해할 수 있다는 생각 때문이다. 서재에 불을 켜고 홀로앉아 멍하니 천장을 올려다본다. 불면증도 형벌인가? 사금파리처럼 빛나는 지혜도 떠오르지 않고, 소리칠 만큼 묘안도 없으니 공상만 어지럽다.

걸어온 먼 길을 더듬어 추억을 헤아리자니 사방은 더욱 적막으로 싸인다. 부스럭부스럭 일어나 컴퓨터 자판기 앞에 앉는다. 눈도 침침하고 삭신도 아프지만 나머지 긴 밤 보내기 방법 중 가장 좋은 것이 컴퓨터뿐이다. 이 나이에 내가 할 짓이란 게 또 무엇이 있을까? 육신도 그렇고, 정신도 그렇다.

하루도 뛰어 거르지 않았고, 순간도 빼먹지 않았고, 또 잠시도 도둑맞은 일 없이, 세월 지켜 살아왔건만, 그 푸르던 젊음 다 어디 가고, 내 인생이 여기까지 왔는지 먹먹하다. 소박한 즐거움에 만족하고, 하찮은 노여움에 흥분하고, 천박한 욕심에 매달렸던 게 내 삶이었다면 그 역시 세월이겠지….

군에서 제대하던 24세 때, 공무원 사회로 들어가면서부터 내 인생은 본격적으로 시작됐다. 30세 때 신문기자가 되어 31년간 거친 세파에서 음양을 누볐고, 또 어쩌다 말년엔 정치집단에 뛰어들어 충남 도의원으로 소신껏 고향발전을 위한 봉사도 해보았다. 글쓰기는 4번째 인생도전이다.

남보다 가난했고, 남보다 못 배웠기에, 남보다 뛰어날 것도 없지만, 결코 남들 앞에 비굴하지 않게 살기를 갈망했다. 어려움과 아픔을 삭여내고 녹여내는 마음으로 살았다. 또 더러움과 흉악함을 헹궈 내는 정신으로 살기를 노력했다. 도망치려 해도 도망칠 수 없기에, 벗으려 해도 벗어날 수 없기에 모든 걸 내 몫으로 짊어지고 살았다.

보이지도 않고, 만질 수도 없고, 계측도 할 수 없다. 아무리 불러도 대답조차 없으니 가버린 세월이 안타깝다. 웃다가 울고, 울다가 웃으며 살아온 삶. 기억은 점점 멀어지고, 환경은 점점 바뀌고, 대화는 현재보다 과거 쪽으로 기울고 있으니, 이젠 내가 할 짓이 없다. 세월도 공간도 내 몫이 없다.

어제 낮이다. 유등천변에서 걷기운동하다 한 젊은이를 만났다. 공교롭게도 같은 의자에 앉아 쉬고 있던 청년이 "할아버지 올해 몇 살이세요" 갑자기 나이를 묻는다. 얼굴색 뽀얗고 피부가 포동한 청년에게 "나도 옛날엔 자네들처럼 젊었을 때가 있었지" 정도만 대답하고 얼버무렸다. 남의 것 빼앗아먹은 것도 아니고, 도둑질한 것도 아닌데, 젊은이 앞에 내가 먹은 나이 대기가 쑥스러워진 까닭은 무엇이었을까.

손가락 관절 하나하나까지 나긋나긋하고 발밑에 스프링을 매단 듯, 통통 튀는 가벼운 걸음으로 청년은 홀쩍 어디론가 가버린다. 불현듯 옛날 생각이 스친다. 나도 젊었을 때는 나 같은 늙은이들을 보면서, 나이 들어 늙어지는 것이라 생각지 않고, 애당초 늙은이로 태어난 별종인간쯤으로 생각했다.

교활한 오만이었다. 늙은이가 없다면, 젊은이도 없다는 생각을 미처 못 했다. 스스로 썩어 새싹을 틔우는 밀알의 이치를 몰랐다. 청춘의 뿌리들은 바로 늙은이들이다. 어둠과 밝음을 반복하는 세월의 이치요, 자연의 섭리다. 결코 늙은이 종자는 따로 없다.

사람은 사람을 통해서 배우고, 채우고, 바뀐다. 늙는다는 것은 기막히게 슬픈 일도 아니고, 그렇다고 호들갑 떨어댈 만큼 행복한 일도 아니다. 모든 존재의 현상이고 순리다. 내가 늙어지기에 새로운 젊음이 성장한다. 삶의 실체가 별 것 아니다.

아무도 세월은 막을 수가 없다. 누가 일러 무상타 했던가. 아직도 창밖은 싸늘한 어둠이 무겁다. 그러나 모두가 무상이다. 차디찬 어둠이 걷히면 따뜻한 봄볕이 올 것이다. 사람들은 누구나 희망을 노래한다. 그러나 미래도, 희망도, 도전도 모두가 늙음으로 가는 길이다.

나이 들어가면서 딱 한 가지 새롭게 느껴지는 변화가 있다. 옛날에는 보이지 않던 새로운 게 보이기 시작한다. 나만을 내세우던 생각의 중심이 조금씩 밖으로 이동한다. 주변에도 눈이 가고 관심이 가진다. 잊고 지내던 사람들의 안부가 갑자기 궁금해지고, 작고 보잘것없는 일들이 자주 생각에 걸친다.

나이 들어감에 따라 취향이 조금씩 변화되는 것인지, 아니면 주책이 더욱 궁상맞아지는 것인지…. 그악스럽게 붙잡고 있던 것들이 조금씩 놓여진다. 그리고 세상을 지탱하는 힘은 지식도, 열정도, 용기도 아니고 선량함뿐이라는 것도 차츰 깨닫게 된다. 배운 자나, 못 배운 자나, 가진 자나, 못 가진 자나 똑같아진다는 속설의 이유도 깨닫게 된다.

어차피 내 삶의 시공은 또 다른 누구에게 내주어야 한다. 아들 또는 손자에게…. 지금부터 내가 할 짓이 무엇인가. 말도, 행동도…. (2010. 2.)

그 하나를 찾는 방황

아무것도 보이지 않고, 가는 곳도 알 수 없다. 내 좌표를 나도 모른다. 어디로 가는지 방향표시도 없고, 얼마만큼 가야 하는지 이정표도 없다. 날마다 낯선 길, 이게 바로 나의 삶이다. 함께 가는 일행은 많아도 언제나 나 혼자다. 가도 가도 끝이 없다. 어떤 때는 초조하고 어떤 때는 불안하다. 이게 바로 나의 문학이다.

내 가슴속에 품고 있으면서도 내 마음의 깊이를 내가 모른다. 내 머릿속에 담고 있으면서도 어느 생각, 어느 감성이 어디에 얼마만큼 숨어있는지 나조차도 알 수 없다. 서정 어린 문장 하나를 찾기 위해 자판기 앞에 앉아 밤새워 머리를 짜고, 몸 비틀기는 얼마이던가. 끝없는 방황이지만 내가 찾고자 하는 그 절실한 소망은 항상 갈증뿐이다. 나의 삶, 나의 문학…. 영원한 화두인가.

갈증이 갈등으로 쌓일 때는 절망으로 변하기도 한다. 가끔은 신열이 등줄기 타고 진땀처럼 흘러내린다. 몸살처럼 때로는 온몸에 한기도 퍼붓는다. 무모한 도전임을 뉘우칠 때도 있다. 시작부터 착각이었음을 깨닫기도 여러 차례. 그러나 이제는 후퇴할 수도 없다. 살아온 날과 살아갈 날을 셈해 본다. 후퇴한들 다시 선택할 길이 별로 없다는 계산이다.

나의 삶이듯, 나의 문학은 이토록 무모하게 시작됐다. 나이테 60길에 등단했으니, 이 무슨 천격인가. 사실 내가 글쓰기에 뛰어든 것은 이미 20대 후반부터다. 그것도 생업으로 시작해서 퇴직할 때까지 30여 년간 글쓰기 직업으로 먹고살았다. 날마다 현장중심의 사실내용만 6하 원칙대로 써내는 건조한 글이었지만….

퇴직 후 수필의 길로 뛰어든 것도 전직과 무관치 않다. 문학이 무엇인지도 모르면서 비슷하겠지, 조금만 훈련하면 되겠지, 착각으로 유영했다. 때로는 유사한 직종이라고 오판도 하고, 자만도 했다. 현실중심의 사실적 전달과, 서정과 감성을 동반하는 문학적 표현의 엄청난 차이를 까맣게 몰랐다. 마치 축구선수가 야구장에 달려든 것과 비슷한 경우다.

무모하고 무엄한 철부지가 감히 지엄하고 지고한 문학에게 같이 놀자고 덤벼든 것이다. 문학이 쳐다보고 코웃음 쳤을 것이다. 내가 돌아보아도 자만이었고, 교활함이었다. 그래도 문학은 철없는 도전자에게 아무 말 없이 문을 열어주었다. 마치 떼쓰는 애들에게 비켜주는 어른들의 교훈처럼…. 그러나 침묵의 포용은 무거움으로 다가왔다.

나도 모르게 불안이 도사리기 시작했다. 등단만으로 문학의 길에 오른 것이 교만이었음을 깨닫게 했다. 내 삶에서 글쓰기에 대한 공포심이 생기기 시작한 것은 바로 이때부터다. 스스로 미숙함을 깨닫기 시작한 것도 이때부터다. 서점을 들락거린 것도 그때부터고, 남의 책을 읽기 시작한 것도 그때부터다. 글을 쓴다는 게 얼마나 고역인가도 통감했다. 무모한 도전자에게 왜 침묵으로 문을 열어주었는지 문학의 진실이 조금씩 보였다.

내 삶에 있어 문학은 향정신성 마약중독현상과 비슷하다. 고역임을 수없이 통감하면서도 글쓰기 영역을 벗어나지 못하기 때문이다. 비단 나뿐이 아니다. 누구나 한번 빠지면 그 길에서 쉽게 헤어나지 못한다. 마음 하나 바꾸면 해방인데도 허구한 날 고집이다. 날마다 출구 없는 절벽 속에서 하늘만 쳐다보는 격이다.

그런 세월 15년이 지났다. 웬만하면 깨우치고 터득할 세월이 흘렀건만, 그 하나를 찾아 방황하는 내 모습은 항상 제자리다. 안타깝다. 감성도 굳어지고 운치도, 서정도 메말랐으니 변화가 쉽지 않다. 발상의 전환도 꿈꾸지만 그냥 꿈에서 맴돈다. 글의 형식도, 바탕도 오랜 생업에서 몸 밴 인습임을 부정할 수 없다.

내 수필은 때 지난 '토종수필'이다. 누구는 '관념수필'이라고도 지적한다. 피자시대에 어울리지 않는 쑥 개떡 글맛이다. 형식조차 아날로그다. 허물벗기엔 인생이 너무 낡았고, 미로 찾기엔 생각이 너무 굳었다. 내가 살아온 시공의 환경이 그랬다. 유교적 사상에 몸에 밴 사고의 틀이 그랬고, 생업 상 관념의 범주가 그랬다.

10년이면 강산도 변한다 하지 않던가. 그런데도 문학이란 영토가 낯설기만 하다. 그래서인가, 내 문장은 늘 영양실조다. 까칠하게 야윈 감성이 서로 어울림을 잃은 채 서걱댈 뿐이다. 분자와 분자끼리 상생이 없으니 윤기가 없다. 서정이라는 자양분 결핍증 때문이다.

오늘도 내가 나를 보며, 그 하나를 찾아 방황한다. 어느 평론가는 "문학카페에서 철학읽기"라고 편달했다. 호된 매지만 거부할 도리가 없다. 지금까지 몇 권의 책을 냈지만 '수필집'이란 이름이 부끄러워 아직도 '수상집'에 머물고 있으니 어쩌랴…. 구도자의 염원처럼 오직 '그 하나'를 찾는 이유이기도 하다.

무심한 쇳덩어리도 두드리면 제소리를 내건만, 내 글에는 내 소리가 없으니 안타깝다. 옛 말에 서당 개도 3년이면 풍월을 읊는다고 했던가. 얼마를 더 문지르고 비벼대야 내 글에서 내 냄새가 풍겨날 수 있을까 조바심이다.

스스로 "나를 쓰시오" 하고 달려드는 글감도 없다. 어쩌다 만나는 글감마저도 막상 쓰려고 하면 바로 속내를 감춘다. 청아한 상상력이나 무성하던 언어들도 덩달아 도망간다. 감성의 미로엔 우두커니 나 홀로 서있기 일쑤다. 맨가슴 드러낸 채 텅 빈 들판에 혼자 서있는 허수아비처럼….

나는 오늘도 "내 글은 바로 나다"를 다짐한다. 내가 택한 길이 수필이기에 더욱 그렇다. 내가 쓰는 글은 반드시 내 맛을 내야 한다. 다시 15년이 더 걸리더라도 내 맛을 찾아야 한다. 비록 하나를 찾는 방황일지라도 존재론적 이유가 퇴색해가는 말년의 무료함에 의존할 수만은 없다.

이루지는 못할망정 오기를 다시 곧추세운다. 서슬 세워 각오를 다시 벼린다. 문장의 연금술, 그 하나를 찾기 위해 쉼 없이 풀무질을 해야 한다. 옛날의 쑥 개떡 맛이 있었기에 오늘의 피자 맛이 새롭다는 사실을 증거 할 것이다. 쑥 개떡 맛을 지켜야지…. 어느 곳엔가는 피자 맛을 거부하고 쑥 개떡 맛을 찾는 이도 있을 것이다. (2009. 11.)

장엄한 종소리

충북 음성 조각공원에 다녀오던 중이었다. 무심히 스치다보니 한적한 시골마을 길가에 외형이나 규모가 예사롭지 않은 건물이 있어 호기심이 발동한다. 기어이 가고 싶고, 보고 싶고, 또 만지고 싶은 충동은 글쟁이들만의 욕심일까. 궁금한 연유도 캐고, 누군가가 놓쳐버린 생각도 하나 줍고 싶은 마음이 생겨 선뜻 경내로 들어선다.

수집, 전시, 보존, 연구는 물론 세계적으로 인정되는 한국 종(鍾)의 예술적 가치를 알리고, 그 역사를 전승코자 2005년 9월에 세워졌다는 진천(鎭川) 종 박물관이다. 4세기 때로 판단되는 한국 최초, 최대의 고대 제철로(製鐵爐) 유적지가 진천 석장리에서 발견됐다는 전문가들의 발굴조사결과에서 착안된 것이 종 박물관 건립배경이다.

비록 모조품이지만 동서고금 세계의 종들이 모두 모여 있어 우연히 들른 길 치곤 얻음이 짭짤할 것 같은 예감이다. 어데서 단체견학을 왔는가? 노란 병아리 떼처럼 예쁜 유치원생들 수십 명이 박물관 입구에서 재잘댄다. 얼른 기획전시실을 스치듯 지나 상설전시장으로 든다. 실물과 똑같은 복제품, 에밀레종이 떡하니 앞을 막는다. 그 명성만으로도 박물관을 상징하는 대표 종이다.

통일신라시대에 만들어져 지금까지 보존되고 있는 우리나라 종(鍾) 중 최고(最古)의 문화재로 국보29호. 1천3백여 년 전 통일신라 때 경덕왕이 아버지인 성덕왕의 공덕을 기리기 위해 종을 만들기 시작했으나 뜻을 이루지 못하고 죽자, 다시 그 아들인 혜공왕이 이어받아 서기771년에 완성했다는 범종이 아니던가.

2대의 왕조가 34년간이나 공업을 들여 만들어 냈으니, 보이게 안 보이게 그 속에 들어간 백성들의 고혈은 무릇 얼마나 되고, 국력은 또 얼마나 소모됐을까. 기록에 따르면 백성들의 추렴으로 녹여낸 구리만도 12만근이라니…, 아무리 막강한 통일신라의 국력이라도 만만치 않은 공정이었음에 누가 토를 달까.

모양이 웅장하고 새겨진 조각이 섬세 미려하며, 종벽(鍾壁)타고 돌아 퍼져나는 그 소리 또한 어찌나 아름답고 장엄하던지 일명 성덕대왕의 신종종이라고도 부른다니, 그 속에 숨겨진 신비가 궁금하다. 특히 종을 만들 때 용광로 끓는 쇳물 속에 어린 아기를 집어넣어, 그 종소리 여울마다에서는 아직도 엄마 찾는 어린아이의 염원이듯 "에 밀레, 에 밀레…"를 자지러지게 부르고 있다는 전설은 정말로 애달프다.

범부중생의 사고영역으로는 감히 허락되지 않는 그 유래전설에서 소름마저 돋는다. 성덕대왕의 위업이야 역사기록으로 충분하지만, 1천3백여 년이나 애절하게 불러댄 정토불국의 신앙적 염원인 '에 밀레…'는 앞으로 언제쯤 이 세상에 찾아올 것인가…. 티끌 같은 미물의 철없는 소원을, 독대한 에밀레종 앞에서 한없이 중얼대 보지만, 장구한 세월, 역사의 명멸을 지켜온 '에 밀레'의 법력(法力)에 기별이나 갈까….

슬그머니 손을 내밀어 종신(鐘身)을 어루만져 본다. 엄마의 품에 안겨 오냐오냐 어르면 생긋생긋 웃어댈 갓난 어린 생명의 천진난만한 영혼이, 공명으로 어두운 권력에 희생양 되어 죽음으로 녹아든 종신 속에서 가엾은 '에 밀레- '가 울림으로 살아있음이 환영되어 교차한다. 과거의 역사는 버릴 수 없는 오늘의 과제라고 했던가. 전설이면서도 전설 같지 않은 신의 종, '에 밀레…'.

어리석은 중생의 경박한 착각일까. 아니면 범부의 무례한 생각일까. 비록 그때 그 아이의 영혼은 아니더라도, 어렴풋한 환청(幻聽)속에서 애절하게 울어 에는 신라의 '에 밀레' 종소리, 꼭 한 가닥 여울만이라도 마음속에 담아가고 싶은 충동이 불현듯 스친다. 심오한 그 울림 속에 내포돼있는 형이상학적 법력이야 감히 헤아릴 수 없지만, 내가 쓰고 다듬어내는 글도 한줄기 울림 되어 읽고, 듣는 모든 독자들에게 감동을 만들어주고 싶은 소망 때문이다. 무심한 쇠붙이도 녹이고 두들기고 제련하면 천년후대까지 시공과 무관하게 울림으로 감동을 만들어내고, 대도무문의 법력도 이루는데, 하물며 오욕칠정의 감성을 소유하고 있는 인간으로써, 내가 내 몸 속에 들어있는 내 생각 하나도, 내 맘대로 다듬어 감동을 만들어내지 못하고 있으니, 글쟁이를 자처하는 내 주제가 더욱 부끄럽고 안타깝다. 더구나 만물의 영장임을 떠들며 노회한 연륜을 살아왔으면서도….

내가 생각해도 나는 무능하다. 부끄럽다는 생각인들 왜 없을까. '에 밀레'종을 뒤로하고 슬그머니 광장 종각 앞으로 나온다. "누구든지 쳐도 괜찮다"는 범종 앞에 마주선다. "나도 너처럼 울림의 소리 한 번 내보고 싶다"고 넌지시 속마음을 보여줬다. "맺힌 심정, 쌓인 원한. 풀어낼 수만 있다면 네 마음대로 처 보라"는 범종의 대답이 묵언되어 들리는 듯하다.

미운 놈의 멱살을 움켜잡듯, 그네처럼 매달린 무거운 당목(撞木)줄을 힘껏 잡아당겨 분풀이하듯 당좌(撞座)에 밀어 친다. 우람하고 장중한 울림이 넓은 세상, 가없이 퍼져나간다. 내리 19번을 치고 나니, 등에선 땀이 나고, 마음은 후련해진다. 잡다한 번뇌가 피안의 세계로 밀려나가고, 내 본심이 비로소 좌정하는가. 바로 이 현상을 가리켜 울림의 법력이라고 했나?

무능해서 못 쓰는 글, 종을 때려 한풀이 하다니…. 못난 놈, 멍청한 놈…. 오후로 빗겨선 햇살이 날보고 비웃는다. 멋쩍은 자책으로 나도 혼자서 히죽이 웃어본다. 제행(諸行)은 무상(無常)이라고 했던가. 범종을 만들어낸 장인(匠人)들의 집념처럼 많은 사람들에게 울림으로 다가설 수 있는 글 한 줄을 지어내야 한다고 또

한 번 다짐해본다.

'우주' 그 자체요, 핵심이라는 도(道)가 무엇인지는 속인이 헤아려 알지 못할 바다. 허지만 어렴풋이 느낌으로 와 닿는 종소리의 신비경…. 누가 종소리를 일러 "영혼을 깨우는 소리, 세상을 밝히는 울림" 이라고 했던가. 소리도, 울림도 외형만 스칠 뿐 그 속에 내재하는 근원은 볼 수도 없고, 알 수도 없으니 가슴에선 더욱 조갈(燥渴)이 탄다.

오후5시, 풀리지 않는 화두 지그시 추슬러 다시 차에 싣는다. 차창에 스치는 황금들녘 풍경도 바쁘다. 애절한 '에 밀레'의 염원…. 여운만 머릿속에 감돈다. 장엄한 범종 한 번 울리면 어리석은 중생들로 하여금 심안을 뜨게 하는 법력이 솟아난다던데…. (2010. 9. 30)

제2장

관심과 무관심

관심關心과 무관심無關心

관심과 무관심의 차이는 생각 하나 사이이다. 마음속에 담아두는 것은 관심이 되고, 마음속에서 지워버리는 것은 무관심이 된다. '님'이라는 글자에 점 하나 찍으면 '남'이 되고, '남'이라는 글자에 점 하나 떼어내면 '님'이 된다는 유행가 가사구절과 무엇이 다르랴….

아침부터 아내는 날보고 집안 살림살이에 너무 '무관심'하다고 탓한다. 의식주 해결하면 됐지, 무얼 더 '관심' 타령이냐고 퉁명스럽게 말꼬리 자르며 집을 나섰다. 평소 살갑지 못한 내 언동도 그렇지만, 무관심을 트집 잡아 아침부터 구시렁거리는 아내 모습도 전 같지가 않아 왠지 목구멍에 걸린 생선가시처럼 하루 종일 마음에 걸린다.

생각해 보면 아내 말도 맞다. 남편이라고 용돈 한 푼 벌어다

주는 것 없이 허구한 날 밖으로만 나돌고 있는 백수신세니, 살림을 전담하는 아내 입장에선 '무관심' 불평도 나올 만하다. 그러나 젊어서 열심히 벌어다준 덕분에 별 탈 없이 지금까지 살고 있는 것을 생각한다면, 관심과 무관심 타령은 이미 초월한 영역이 아니던가. 듣는 이 없지만, 나 역시도 아내처럼 구시렁거려 본다.

어찌 나뿐이겠는가. 나이 들어 직업 일선에서 밀려난 은퇴인생들의 공통점일 것이다. 은퇴란 직업에서 밀려나는 의미뿐이 아니다. 가족들의 태도까지도 달라지게 하는 서글프고도 고독함이 함축돼 있다.

며칠 전 친구 부부가 계룡산 동학사엘 다녀왔다고 한다. 아내는 법당 들어 부처님께 열심히 발원기도를 하는데, 남편은 황홀한 단풍경치에 빠져 산사 주변만 겉돌다 왔다는 것이다. 아내의 관심은 '부처님'이었고, 남편의 관심은 '단풍'이었다. 아내는 남편 마음에 무관심했고, 남편은 아내 마음에 무관심했던 것이다.

살을 섞어 산 부부 사이에서도 잠시의 생각 차이는 이렇듯 관심과 무관심으로 넘나든다. 생각해 보면 우리들 삶 자체가 모두 관심과 무관심의 연속이다. 전후 순서도 없고, 상하서열도 없다. 지나친 관심 때문에 무관심이 드러날 수도 있고, 또 무관심이 존재하기에 관심이 더 분명할 수도 있다. 마치 빛과 어둠의 관계처럼 관심과 무관심은 마음 하나 차이다.

사랑과 미움도, 의리나 배신도, 성공과 실패도 알고 보면 모두가 관심과 무관심에서 비롯된다. 사전적 의미처럼 '관심'으로만 살기도 어렵고, ‘무관심’으로만 살기도 어렵다. 사람마다 일상의 과정에서 마음속에 새겨두고 살아야 할 일들이 어디 한두 가지던가, 그렇다고 세상사 모두를 마음속에 담아놓고 빠짐없이 참견하고 사는 것 또한 어찌 쉬운 일인가. 깨달음도 있고, 망각도 있는 것을….

“다정도 병인 양 하여 잠 못 들어 하노라” 지나쳐도 병이 되고, 부족해도 병이 되는 게 관심과 무관심이 아니던가. 8년 전쯤에 들은 어느 치과의사의 충고가 요즘 들어 점점 더 무겁게 다가선다. “선생님도 이젠 건강에 ‘관심’을 가지셔야 하겠습니다.” 흔들리는 어금니 통증을 참을 수 없어 병원에 갔을 때 일이다.

원인은 높아진 혈당(血糖) 때문에 발생된 합병증이라는 것이었다. 과도한 혈당이 시력, 기력은 물론 고혈압으로 발전해서 죽음의 속도까지 재촉할 수 있다는 경고였다. 그 후 어느 날부터인가, 뒷목이 뻐근하고 갑자기 열이 올라 다시 병원엘 달려갔다.

그때는 의사가 스트레스증후군이라고 했다. 가급적이면 편안한 마음, ‘무관심’으로 살라는 주문이다. 내 생활 속에서 관심과 무관심의 갈등은 이때부터인가 싶다. 그동안 건강엔 ‘무관심’ 했던 게 사실이다. 언제나 푸른 착각 속에 건강은 ‘관심’ 밖이었다. 항상 존재하기에 공기의 고마움을 외면했듯, 항상 무병했기에 건강의 고마움마저 무관심했었다. 무관심해도 될 일에 헤픈 관심으로 병고를 자초하기 일쑤이듯, 정작 관심을 쏟아야 할 중요한 일에는 무관심해서 문제되기 일쑤인 게 또한 범부(凡夫)의 일상이다.

무엇부터 버리고, 무엇부터 취해야 한단 말인가. 관심인가, 무관심인가. 날마다 허겁지겁 두서없이 살아온 현실 속에서 옳고 그름 하나 제대로 헤아리지 못한 채, 오늘도 다 낡은 생명 끈 하나에 의지해 미지의 세상에서 헤매고 있으니 내 자신의 정체가 혼란스럽다.

명예욕, 재물 욕, 성욕 등 인간 본능들은 모두 관심과 무관심의 분별을 요구 한다. 사람과 사람과의 관계, 사람과 사물과의 관계, 나아가 삶과 죽음의 관계, 정신과 영혼의 세계까지도 관심과 무관심을 넘나든다. 무한한 세월, 무한한 허공, 심지어는 세상에 떠도는 미세먼지 한 톨까지도 삶에서 껴안아야 될 관심과 무관심의 영역이다.

집착하고 몰입하는 '관심'과, 방관하고 외면하는 '무관심'은 인생관 형성에도 갈림길이 된다. 같은 시기, 같은 환경, 똑같이 출발해도 관심과 무관심의 차이는 반드시 승패를 가른다. 성공과 실패는 서로가 등식관계이면서도 상극관계다.

사랑과 증오도, 우정과 의리도 서로의 관심과 무관심의 작용이다. 왜 사람뿐이겠는가. 세상 사물도 똑같다. 언뜻 돈을 생각해 본다. 어른이고 애들이고 돈은 관심 대상이다. 돈 앞에서는 일생에 단 한 번뿐이고, 단 한 개뿐인 생명의 고마움마저도 무관심하기 예사다.

배고파야 먹는 것에 관심 가듯, 병들어야 건강에 관심이 간다. "내가 괴로워하는 지금 이 시간은, 어제 세상을 떠난 사람들에겐 간절히 소망했던 내일이 아니던가." 한마디의 금언이 무관심했던 건강의 소중함을 깨우치게 하는 관심으로 다가선다.

스스로 반성해 본다. 항상 곁에 있어, 서로 의지하며 살아온 아내의 고마움에 무관심했던 나다. 그러나 무관심이 관심이었던 깊은 뜻을 아내는 모른다. 허기야 날마다 잠에서 깨어나 "오늘도 내가 살아있구나" 깨닫고 감사하는 사람 몇이나 될까. 자칫 "자기나 잘하라"는 역공까지 뒤집어쓸 수도 있으니 때로는 관심도 무섭다. "잘 되겠지" 방관 속에 낭패당한 무관심의 상처는 또 얼마이던가.

관심과 무관심의 선택지혜는 달관의 경지에서만 맞출 수 있는 과녁인가. 집안일에 '무관심'을 탓하던 아내의 말이 다시 뇌리를 스친다. 이게 바로 '관심'이던가. (2008. 11.)

실수와 후회의 연속

너도 그렇고, 나도 그렇다. 짊어진 삶의 문제들 때문에 힘들어서 휘청거릴 때가 많다. 원인을 찾아 스스로의 내면을 들여다본다. 생각과 마음의 길이 컴컴하고 비좁다. 답답한 소심증이 무겁게 에워싸고 있다. 서로간의 의사소통이 막혀있고, 회전하는 사고기능이 방향감각을 잃었다. 들어도 잊어버리고, 배워도 묻혀 진다.

하루에도 몇 번씩 실수와 후회가 꼬리 물고 자맥질한다. 태어나서 죽을 때까지 하루하루가 모두 새 날이듯, 닥치는 일들도 모두가 새 일들이다. 어제와 같은 일들을 반복하는 일상 같지만, 따지고 보면 모두가 낯선 일들이다. 눈으로 보이는 일도 많지만, 눈으로 볼 수도 없는 일들은 또 얼마나 많은가. 마음으로 끌어안아야 할 일들은 얼마이고, 실천으로 보여야 할 일들은 또 얼마이던가. 혼자만의 힘으로 해결해야 할 일과, 공동으로 힘을 합쳐 함께

해야 할 일들이 줄줄이 늘어선다.

게으름 피우다 시간을 놓쳐서 어그러진 일, 조급한 마음으로 바쁘게 서두르다 망친 일, 푼수 없이 많은 말로 산통 깬 일, 꿍꿍이 침묵으로 덮어진 일들은 또 얼마이던가. 친절이 지나쳐 오해가 되고, 과찬이 불씨 되어 시비가 되고, 사랑이 깊어 병이 되고, 기쁨이 넘쳐 눈물이 되고…. 연속되는 실수와 후회의 까닭이 있다.

신의 세상이 아니고는 어느 곳, 누구에게도 전지전능이란 없다. 연습 없는 삶은 언제나 서투름이 따른다. 그래서인가, 누리는 보람보다 실수와 후회가 많다. 잘한 것보다는 잘못한 것이 많다. 방금 수화기를 내려놓으면서도 "아 차—!" 소리를 낼 때가 한두 번이 아니다. 현실에 대한 부정일 수도 있고, 실수에 대한 고백일 수도 있다. 이것이 바로 삶 속에서 묻어나는 우리들의 실수이고, 후회다.

말아야지, 더 이상은 말아야지, 골백번을 다짐하고 뇌까려 보지만 번번의 실수는, 번번의 후회를 재생시킨다. 시간 지나면 없었던 듯, 지워지는 후회도 있지만, 두고두고 평생을 가슴 속에서 꺼지지 않는 후회도 있다. 사탄의 유혹을 분별치 못한 채 악의 열매를 따먹고 에덴의 낙원에서 추방당한 아담과 이브의 실수….

전지전능함을 타고난 하느님의 세계까지도 선악을 구분치 못한 실수로 세상에 후회를 전하고 있으니, 미물에 불과한 범부의 실수와 후회쯤이야 당연이고 필연이 아니겠는가. 실수는 깨달음의 시작이고, 후회는 잊혀져가는 추억을 지펴내는 향연이기도 하다. 누구는 "실수도 많고, 후회도 많을 때가 인생의 전성기"라고 했다.

나는 요즘 무슨 후회로 사는가. 재산을 갖지 못한 것, 명예를 갖지 못한 것, 권력을 갖지 못한 후회는 이미 비웠다. 모두 잃는 것뿐인 세상을 살았으니 후회조차 체념했다. 일찍부터 글쓰기에 전념하지 못했던 게 요즘 스쳐가는 내 후회다. 어느 날 내가 세상을 떠나도 남는 건 글뿐이 아니겠는가.

글쓰기는 은퇴 후에 여가선용 방법이라고만 생각했다. 착각임을 깨닫기 시작하며 후회의 빈도는 잦아진다. 남들이 붓을 놓을 때, 나는 붓을 들기 시작했으니 말이다. 생활일선에서 존재가치가 소진된 정년퇴직 후부터 수필이란 새 길을 선택한 것이다. 감성마저 수척해진 황혼기에 시작했으니 머리에선 낡은 공회전 소리만 요란하다. 좋은 작가, 좋은 글을 접할 때마다 욕심인가, 시샘인가, 늦깎이 출발의 후회는 더욱 쌓인다.

평생을 신문기사 쓰던 버릇만 믿고 건방떨며 잡기 시작한 게 내 수필쓰기다. "철학성이 배어있는 글 솜씨가 기대해 볼 만 하다"는 등단 평(評)만 믿었던 내가 자만이었고, 오산이었다. 쓰면 되는 것으로만 생각한 게 잘못이었다. 파면 팔수록 끝도 없이 깊어지는 땅파기처럼, 쓰면 쓸수록 어려워진다는 사실은 미처 생각지 못했다.

이제는 더 이상 선택의 기회도 없다. 후회의 길도 종점에 가까워온다. 내 인생의 현주소다. 갈 곳도 없고, 또 오랄 곳도 없다. 높다란 곳에 올라선 외줄타기 곡예사처럼 가야 할 곳은 오직 외길뿐이다. 어쩔 수 없이 수필 쓰기에만 매달려야 하는 이유다. 가능성 없는 무지렁이의 후회다. 힘들다고, 어렵다고 항변해봐야 나만의 후회나.

용기를 가져보라는 내면의 소리는 나만의 욕심일 뿐이다. 옛날처럼 희망이 솟아오르거나, 아니면 뒤집어엎을 만큼의 용기도 없다. 직업일선에서 재직하던 시기만 해도 바쁘긴 했지만 고집하고 결심했으면 습작 정도는 할 수 있던 여건이었다. 그러나 오늘 같은 후회가 닥칠 것이라는 예상은 못했다. 융통성 없는 졸부의 고지식함이었나. 직업 외에는 한눈도 팔지 못했으니 말이다.

누구에게나 삶의 순간마다 부딪히는 일들은 모두가 가능성을 지니고 있게 마련이다. 나도 마찬가지였다. 때로는 새로운 선택의 기회가 마주치기도 했다. 삶에 있어 선택만큼 중요한 지혜는 없다. "순간의 선택이 일생을 좌우 한다"고 했다. 그만큼 선택은 한없이 무겁고, 한없이 깊은 헤아림이다.

그래서 사람들은 누구나 선택의 갈림길에서 늘 고뇌하고 갈등한다. 둘 중에서 하나를 골라야 하는 선택은 이미 섭리가 아니던가. 에덴의 동산에도 선과 악의 과실이 공존했던 것처럼, 선택의 본질에는 항상 얻고 잃음의 양면성이 내포되고 있다. 반드시 하나는 얻고 하나는 잃어야 한다. 아담과 이브가 벌거벗고 사는 자유분방함은 잃었지만, 부끄러움과 염치를 아는 양심을 얻은 것도 같은 논리다.

선택의 지혜는 행복과 불행의 길로 나눈다. 행복이 싫고, 불행을 원하는 사람은 아무도 없다. 그러나 그 선택은 누구도 쉽지 않다. 바로 뒤에서 다가서는 후회가 따르기 때문이다.

후회는 곧 삶이다. 나는 이제 앞으로 후회의 기회가 얼마나 더 있을지 모른다. 자연과 인간의 관계도 그렇고, 인간과 인간의 관계도 그렇다. 내 인생이지만 나도 모르는 게 내 선택의 지혜다. 내 머리로 생각하지만 나도 모른다. 그래서 삶은 실수와 후회의 연속이다. (2008. 11.)

영전에 바치는 청산혜요青山兮要

만날 때마다 "안녕 하십니까" 묻는 우리들의 인사 유래를 알 만하다. 어제 저녁 함께 먹고 헤어진 사람이 오늘 아침 부음(訃音)되어 돌아왔으니 말이다. 형님이라 따르던 아우, 선아(善啊)복지재단 신제철(申齊澈)이사장. 그 나이 올해 67세….

정말로 허탈하구나. 비통하구나. 외곬 야당정치에 청춘을 바쳐 산전수전 방황하던 옛 꿈 모두 접고, 뒤늦게 개척한 복지재단 육성에만 몰입하던 집념의 사나이. 이젠 기반 잡아 가정적으로나 사회적으로 삶의 재미에 맛들이던 그가 비명횡사라니….

2009년 7월 24일 오후 7시. 좋은 사람들끼리 모여 앉은 저녁자리에서도 감기기운 때문에 즐겨 마시던 소주잔도 줄인 채, "약속이 있다"며 울려대는 전화벨 소리 따라 어디론가 바쁘기만 하던 적극적인 삶의 마지막 흔적….

그토록 쾌활하고 명석하던 사람이 왜 그 순간을 피하지 못했던

가. 장례식장 제단 위에 주저앉아 천연덕스럽게 미소 짓는 사진 한 장만 남기고 갔으니 삶과 죽음의 기로를 누구라서 가른단 말인가.

말없는 영정 앞에 머리를 조아리는 산(生)자들이 죄인이구나. 아직은 미숙한 외아들 상주의 글썽이는 눈물이 천근 납덩이로 가슴을 누른다. "죽은 사람이 불쌍하지요…." 미망인 노금선 시인의 넋두리 독백은 더욱 비통하다.

삶과 죽음의 대좌, 말이 끊기고 생각이 무너졌으니 무엇으로 소통해야 하나. 어젯밤 껄껄대던 웃음소리가 오늘 아침엔 가슴을 찢는 비통이 됐으니 이게 바로 삶과 죽음의 현실이던가.

고려 말 명승 나옹선사(懶翁禪師)의 얘기가 다가선다. 나옹선사(본명 : 혜근)는 1320년(고려 충숙왕 7년) 경북 영덕군 창수면 산골마을에서 태어난 총명한 청년이었다. 19세 되던 해인 1339년 이웃의 절친한 친구가 느닷없이 죽음에 들자 허무한 사념(思念) 어쩌지 못한 채 인생무상을 화두로 짊어지고 홀연히 속세를 떠난다.

친구는 어디로 가버렸는가. 도대체 죽음이란 무엇인가. 또 삶은 어디서 오고 죽음은 어디로 가는가. 삶과 죽음의 진정성은 무엇일까. 감수성 예민하던 청년 나옹은 그때부터 아무도 동행자 없는 불국정토를 향한 낭인이 되어 끝도 없이 멀고도 험한 부처님의 길을 찾아 헤맨다.

허구한 날 말없이 누워있는 푸른 산 능선을 바라보고, 억겁의 세월에도 변함없는 창공을 우러러 삶과 죽음의 진실을 갈구했다. 아 하 그렇구나! 어느 날 드디어 나옹은 깨우침을 얻는다. "청산은 나를 보고 말없이 살라하네 / 창공은 나를 보고 티 없이 살라하네…." 말없이 살기 위해, 티 없이 살기 위해 누구나 마지막으로 찾아가는 곳은 청산 속 한 평의 흙무덤뿐…. 57세 나이 '청산혜요'를 읊으며 나옹도 그렇게 갔다.

고산준령을 넘고 넘어, 가도 가도 끝없는 하늘 밑을 헤매며 수도의 집념, 태우고 태워 사리 같은 피눈물로 터득한 진실의 시가 바로 나옹선사가 남긴 불멸의 '청산 혜요'다. 무상한 세월은 6백년을 흘렀건만, 시(詩) 속에 서려 있는 깊고 큰 교훈은 범종의 선율처럼 오늘도 나를 휘감는다.

아우님! 신제철 이사장, 당신은 이제 말없는 청산에 누워 티 없는 하늘을 쳐다보며 "말 많고, 티 많던" 이승의 날들을 접겠지요. 생사의 문제는 억겁의 화두이듯, 태어나고 죽기를 수없이 반복해 온 게 윤회의 진리가 아니던가. 있어도 없고, 없어도 존재하는 삶과 죽음의 연속, 사는 게 곧 죽음이요, 죽음이 곧 탄생이니 그토록 무량무한 한 억겁의 인연, 감히 누가 부정하고, 누가 거부할까.

삶과 죽음은 반드시 등식관계다. 시작이 있으면 끝이 있듯, 탄생은 곧 죽음이다. 명멸의 주기는 누구도 비켜설 수 없는 진리다.

가장 쉬운 보편적 진리면서도 가장 깨닫기 힘든 난해한 진리가 바로 삶과 죽음의 진리다.

미리 떠난 친구의 죽음도 진리로 다가선다. 영원한 역사도 흥망으로 반복된 무상한 윤회의 진실이 아니던가. 신제철 이사장! 잘 가시오. 이젠 형도 아니고 아우도 아닙니다. 미리 떠난 비통함은 있지만, 그 또한 어쩌겠소. 함께 갈 수 없는 게 서로 다른 삶과 죽음의 운명이듯, 어차피 태어남도 각각, 죽음도 각각 아니겠소. 죽는 게 진실이기에 나도 머지않아 뒤따라갈 겁니다.

말없는 세상, 티 없는 세상이 바로 죽음 아니겠소. 영원한 화두처럼 오늘도 내 가슴을 파고드는 나옹선사의 선시 '청산혜요'를 영전에 바칩니다. 신 이사장! 이제부터 말없이, 티 없이 사는 신의 세상에서 영원을 누리십시오. (2009. 7.)

청산혜요(靑山兮要)

나옹(혜근)

청산혜요아이무어(靑山兮要我以無語)
청산은 나를 보고 말없이 살라 하고.
창공혜요아이무구(蒼空兮要我以無垢)
창공은 나를 보고 티 없이 살라 하네.

료무애이무증혜(聊無愛而無憎兮)
사랑도 벗어 놓고 미움도 벗어 놓고

여수여풍이종아(如水如風而終我)
물같이 바람같이 살다가 가라하네

청산혜요아이무어(青山兮要我以無語)
청산은 나를 보고 말없이 살라하네
창공혜요아이무구(蒼空兮要我以無垢)
창공은 나를 보고 티 없이 살라하네

료무노이무석혜(聊無怒而無惜兮)
성냄도 벗어놓고 탐욕도 벗어 놓고
여수여풍이종아(如水如風而終我)
물같이 바람같이 살다가 가라하네

죽은 자와 산 자

검은 상복에 상주리본까지 가슴에 찬 젊디젊은 미망인이 조문객들은 본체만체 자기혼자만 히죽대고 있다. 저주인가, 자학인가…. 비통이 무엇인지조차 헤아리지 못하는 어린남매가 영문도 모른 채 영정 앞에서 조문객을 맞는다. 어느 영안실의 안타까운 풍경이다.

46살의 젊은이가 갑자기 죽었다. 차라리 죽은 자보다도 산자들의 슬픔이 더 무거운 액상(厄喪)이다, 털퍼덕 주저앉아 히죽히죽 입모습만 실룩대는 40대 여자 상주의 실성한 미소가 섬뜩함마저 안긴다. 제단 위에 올라앉아 태연하기만 한 망자의 사진이 문상객들의 안타까움을 더한다.

꿈엔들 예감이나 했을까. 미래가 창창한 젊음에 예고 없이 찾아든 기쁨과 슬픔의 마지막 한계는 미명의 새벽이었다. 이루고자 함에 대한 집착과 갈망이었을까, 아니면 내리누르는 삶의 무게를 이겨보려는 몸부림이었을까. 날마다 새벽운동으로 체력을 단련하던 집념이 남달랐다. "그날도 평소처럼 운동하다 그랬다"는 것이 망자 형의 말이다.

아침밥을 준비하던 아내는 형체조차 알아볼 수 없이 일그러진 남편의 시체를 확인하는 순간, 어떤 말도 잊은 채, 그만 그 자리에서 털퍼덕 주저앉아 실성해버렸다. 자기정신으로는 도저히 수용할 수 없는 육중한 충격이 정수리를 내리친 것이다.

말도 잃었고, 슬픔도 잃었다. 그리도 살갑던 의식이 갑자기 백치(白痴)로 변했다. 문상객이 누군지도 아랑곳없다. 의식 없는 몸통만 상주석 뒤쪽에 주저앉아 천장만 쳐다보며 아무 까닭 없는 웃음만 히죽대고 있다. 헛웃음으로 변한 저 속내를 누가 어떻게 형언해낸단 말인가.

"미치고 환장한다"는 말이 이런 경우를 이르는 것인가. "이럴수록 정신 차려야 한다고, 커가는 애들의 장래를 봐서라도 마음 다잡으라"고, 지켜보는 이들까지 안타까워 동동거리지만, 흐트러진 여자 상주의 의식은 쉽게 수습이 안 되는 모양이다.

남편의 죽음 따라 아내의 마음도 함께 갔는가, 혼자 짊어질 수 없는 슬픔과 고통의 무게로 차라리 의식마저 흐트러 놓았는가. "끌어안기도 하고, 풀어내기도 해야 할 까마득한 현실 앞에서 동생까지 정신을 놓으면 저 어린것들은 누가 어떻게 할 것이냐"고 친언니 같은 여인네가 옆에 앉아 팔을 잡고 통곡을 하지만, 표정 잃은 안 상주는 여전히 스스로를 다잡지 못한 채 히죽댄다.

가소(假笑)인지, 고소(苦笑)인지, 저주(咀呪)인지, 자학(自虐)인지…. 슬픔이 지나쳐 어쩌지 못할 땐 헛웃음도 토해내기 마련이다. 혼(魂)빠지고 기(氣)까지 자지러드는 절망의 포효(咆哮)일 것이다. 증오가 증오로 겹칠 땐 피 끓는 여자 가슴속에 서릿발까지 돋는다 하지 않던가. 어이가 없을 땐 아예 말문마저 막히기도 한다더니….

무의식으로 흘리는 미소는 저주처럼 섬뜩하다. 더구나 비실비실 실성한 냉소는 비수(匕首)같은 전율이 함께 흐른다. 차라리 땅을 치는 통곡보다 참담하다. 너무나 가혹한 인간사 현실 속엔 이토록 비참한 함정도 존재해야 하는가.

박살나도 반짝대는 사금파리 같은 삶은 없을까? 열쇠 하나로 세상의 고통을 다 풀어내는 지혜는 없을까? 깊어갈수록 모르는 것이 더욱 많아지는 우리들의 삶을 신은 정말로 알고 있을까? 궁금하고, 또 궁금하다.

신은 하나를 빼앗아 가면 반드시 하나를 돌려준다고 했다. 46살의 앞길 창창한 남편의 생명을 빼앗아 갔으니, 실성한 미망인의 가슴에 바른 정신만이라도 다시 채워줄 수는 없을까. 죽은 사람보다도 더 슬픈 산사람들의 아픔….

살다보면 멀리하고 싶은 고통과 슬픔 때문에 무릎 꿇게 되는 일들이 어디 한두 가지던가. 비록 생사의 문제뿐만 아니다. 사소한 일상의 문제들도 심사를 건들이기는 마찬가지다. 저 어린 남매가 앞으로 깨닫게 될 절망은 누가 추슬러줄까.

운동을 나가던 새벽길이 생의 마지막이 될 줄이야…. 보다 힘차게 살아보겠다고, 보다 열심히 살아보겠다고, 이른 새벽부터 달음질을 쳤지만 신은 그의 운명에 더 이상의 기쁨도, 더 이상의 슬픔도 허락지 않았다.

경찰에서 CCTV를 분석한 결과 횡단보도를 건너던 중 과속차량에 치인 사망사고다. 그대로 수긍하기에는 너무나 잔인하다. 미명에 달려간 길이, 거부의 몸짓조차 허락지 않는 비운의 길이였음을 누가 감히 짐작이나 했을까.

인생은 구름 같은 허무다. 태어나는 순간부터 잠들지 않는 운명의 바람에 부대끼며 한 생애를 산다. 그러다가 어느 날 한 조각의 구름처럼 홀연하게 사라진다. 죽은 자는 차라리 편안하다. 인연하나 끊고 가면 그만이지만, 남아있는 가족들이 짊어지고 살아야 할 참담함은 어쩔 것인가.

준비된 죽음은 당연한 순리다. 무너질 억장도 없고, 애걸복통, 원망할 여한도 없다. 죽을죄 지은 사람은 죽어 마땅하고, 불치의 병은 나을 길 없으니 죽을 수밖에 없고, 천수를 다 했으니 늙어지면 당연히 죽어야 할 순서다.

그러나 준비 없는 죽음은 어쩌랴. 비명횡사, 이보다 더 큰 불행은 없다. 갑자기 말문이 막혀버린 실어증, 창백한 얼굴에 비실비실 흘리는 실성한 미소, 누구를 향한 비수인가. 누구를 향한 저주인가….

우리들의 삶은 언제까지일까. 얼마나 기뻐야 하고, 또 얼마나 슬퍼야 하나…. 죽은 자와 산 자, 그 길은 순간의 차이다. (2009. 2.)

동자요람童子搖籃 달력 단상

어느새 기축(己丑)년도 저무는가. 종친들끼리 매월 만나는 천지 회관에서도 경인(庚寅)년 달력 한 개씩을 선물한다. 해마다 반복되는 느낌이지만 무심하게 지내다가도 새해 달력을 받아들 때면 왠지 가슴속에 찬바람이 스민다. 또 1년을 보냈구나. 1년만큼 죽음 앞으로 다가섰구나. 공허한 감회까지 달려든다.

달력이 별거던가…. 시큰둥하다가도 시작과 끝을 가르는 삶의 의미에 이르면 만만치 않은 무게가 실린다. 영원한 세월을 연월일(年月日)로 토막 내고, 계절별로 쪼개내어 365일 날짜마다 우주의 순리를 배열했다. 1년이란 시공 속엔 우리들의 일상뿐 아니라, 삼라만상의 존재가 명멸한다.

피고 지는 4계절의 순리가 응축돼 있고, 삶과 죽음의 역사가 존재하며, 기쁨과 슬픔이 상존한다. 뜨고 지기를 반복하며 빛(낮)과 어둠(밤)의 경쟁이 쉴 날 없고, 조석간만의 차를 두고 바다와

육지가 쉼 없이 영토 경쟁을 반복한다. 형체도 없고 잡히지도 않으면서 바람과 세월 또한 서로가 서로를 관통하며 무상한 윤회를 재촉하고 있다.

어찌 그뿐이랴. 사랑과 증오, 진실과 위선 등, 온갖 희로애락이 달력 속에서 춤을 춘다. 아무것도 알 수 없는 희망과 절망이 달력에서 들고난다. 마음에 가난이 들 때면, 또 물질에 가난이 들 때면 달력에 동그라미를 그리며 무언의 약속을 다짐하는 것도 우리들의 희망이고 절망이다.

선물로 받은 새해 달력을 서재 컴퓨터 앞에 걸어놓고 보고 다시 또 본다. 동자요람(童子搖籃)이라 인쇄된 달력 표지의 아기스님들 사진이 정말로 천진무구(天眞無垢)하다. 영산홍 꽃 흐드러지게 피어난 봄 동산에 세 명의 아기스님들이 노니는 정경은 형언할 수 없이 아름다운 평화다. 어느 폭군, 악한도 감히 범접할 수 없는 순수고 진실이다.

선과 악을 초월했으니 차라리 믿음과 불신 사이에서 일어나는 아리한 통증이다. 번뇌시름 무거운 걱정도 없고, 사랑과 증오가 얼룩진 갈등도 없고, 탐욕과 경쟁도 없는 투명한 무아의 세계다. 아무것도 오염되지 않은 극락정토 청정불국에서 자비만 한 아름씩 가슴에 안고, 메마름에 허덕이는 사바세계 중생들을 구제하기 위해 내려온 나무아미타불이다.

파르라니 깎은 머리에 티 없는 미소, 잿빛 승복차림에 백팔염

주 길게 걸치고 목탁까지 손에 든 아기스님은 영락없는 부처님이시다. 잡티 하나 오염되지 않은 지고지순한 행복이다. 세속을 모르니 인생도 알 수 없다. 연륜이 어리기에 세월의 무상도 알 까닭 없다. 삶이 짧기에 생존경쟁이란 더욱 모른다.

바라볼수록 신비하다. 달력을 내려 어린 스님들의 얼굴을 가만히 쓰다듬어 본다. 비록 사진이지만 더러운 세상사에 오염된 늙은이 손으로 어린 스님들의 얼굴을 쓰다듬는다는 것이 어쩐지 무엄하다. 옛날엔 나도 동자스님들처럼 세상사에 오염되지 않은 천진난만한 어릴 때가 있었는데…. 환영되어 주마등처럼 스친다.

다시 돌아갈 수 없는 그 길, 그 세월…, 내가 그동안 떼고 붙인 달력은 몇 십번 이던가? 달력마다 희망과 절망으로 그려놓은 동그라미 다짐은 몇 백번이고, 또 그 다짐을 보람과 절망으로 거둬들인 것은 몇 번이던가. 그토록 많은 시공 속에 나는 정녕 무명을 밝히는 등불 하나 내걸지 못했다. 붙이고 떼어내기를 반복한 달력 속에서 아버지도 돌아가셨고, 어머니도 돌아가셨다. 이젠 내가 떠나야 한다.

천진한 아기스님들 앞에 내어 놓아야 할 내 인생수확은 빈손뿐이다. 내가 볼 수 없는 내 얼굴이기에 마음으로만 짐작해본다. 부처님이 내려준 인연일까…. 작은 깨달음이 조용히 물살지어 밀려온다. 더러움과 흉악함이 엉클어진 세속에서 나 자신은 무얼 먹고 어떻게 살았는가. 사람이 산다는 게 이런 거구나….

세월의 굽이마다 부딪쳐 온 생존경쟁은 너나할 것 없이 온갖 탐욕으로 얼룩졌다. 나 또한 다르지 않다. 범부중생에겐 먼 곳의 진리보다는 가까운 위선이 현실이니 어쩌겠는가. 사악하기로는 독사보다 더 무섭고, 미련스럽기로는 곰에 질 바 없으며, 잔인하기로는 표범에 비길 바 아닌 게 우리들 삶의 세상이 아니던가.

경인년 새해 달력의 표면에서 살포시 웃고 있는 아기스님들의 천진무구 앞에서 반성해 본다. 가장 무서운 경쟁은 생존경쟁이다. 어머니의 젖가슴에서 떨어지는 날부터 생존경쟁은 시작됐다. 지식경쟁, 계급경쟁, 명예경쟁, 재물경쟁, 애욕경쟁 등 산다는 것 전부가 경쟁이었다. 나이 들어 죽는 순간까지 살아있다는 것 자체가 치열한 경쟁이다. 경쟁은 곧 탐욕을 부르고, 탐욕은 다시 부정을 부르는 게 삶의 세상….

나무아미타불 관세음보살…. 사는 게 무엇인가. 달력에 인쇄된 동자요람을 보고, 다시 또 본다. 훗날 내가 죽을 때 가슴에 담고 갈 그리움도 천진무구뿐이다. (2009. 12.)

송년의 밤 수궁가 판소리

2009년 12월 마지막 밤이다. '인간문화재 송순섭 명창의 동편제 판소리 수궁가 완창무대'를 보기 위해 서울 국립극장 객석에 앉다. 송순섭 명창은 당대에서 올곧게 동편제 판소리 수궁가를 전수한 인간문화재다. 가창력 못지않게 문식(文識)도 뛰어나다는 소문은 일찍이 들은 바 있지만, 영하13도 살을 에는 겨울밤 대전에서 서울까지 판소리감상 나들이 또한 냉큼 쉽지 않은 일.

동기는 '귀(耳)명창'으로 통하는 이강천변호사의 남다른 판소리 사랑이 연유다. 들뜬 마음 하나만 가지고 감히 판소리 완창무대까지 좇아갔으나, 곡조도 모르고, 장단도 모르니, 정말로 조박(調拍)이 생소한 문외한의 용기다.

더구나 다섯 바탕으로 전승된 유장한 판소리 가사는 문장격조도 빼어나지만, 그 의미 또한 인간이 벗어날 수 없는 오륜(五倫) 덕목이 함축되고 있다니, 조예가 전무한 내 어찌 심오한 의미를 새기고 수용할 수가 있을까. 기껏해야 대중가요 몇 구절의 범주에서 희열을 느끼고 살던 범부가 수궁가 완창무대 앞에 앉으니 설레기만 하다.

판소리는 유네스코가 지정한 세계 문화유산 중 가장 걸작으로 꼽히는 소리 중에 소리다. 옛 부터 "고을에 정승 나긴 쉬워도 명창 나기는 어렵다."고 이를 만큼 아무나 흉내 낼 수 없는 고난도 창이다. 자신을 태우고 말리는 득음(得音) 없이는 불가능한 예술이기에, 지방에선 쉽사리 들을 수도 없고, 볼 수도 없으니 서울인들 멀다 할 손가.

어둠 무거운 밤 8시 정각. 장중한 징소리가 드디어 개막을 알린다. 유창한 사회자의 해설과 함께 밝혀지는 조명 아래로 테 넓은 검은 갓에 하얀 도포자락 너울대며 부채 하나 든 노객명창이 휘적휘적 무대에 선다. 자색치마 미색 저고리에 곱상하게 빗어 넘긴 쪽지머리 여자 고수(鼓手)가 함께 따라선다. 단 두 사람의 출연이지만 무대는 꽉 찬다.

드디어 고수의 북채가 '탕' 소리치며 공간의 적막을 깨자, 동시에 명창의 수리성에서 소동파의 전적벽부가 흐르기 시작한다. 장가(長歌) 판소리 시작 전에 목청을 다듬는 소리란다. "내 나이 75세, 이 무대에 몇 번이나 더 설지 기약 없다"며 약간의 사설 곁들인 수궁가는 낮은 음성의 '아니리'로 첫 장이 열린다.

수궁의 용왕이 병들면서 본격적으로 시작된 창은 평조 우조 계면조를 넘나들며 진양조, 중모리, 중중모리, 자진모리, 휘모리, 엇모리, 엇중모리로 휘몰아치기를 장장 4시간. 객석에선 추임새가 터지고, 박수가 터지고…. 감성으로 도취한 청중들 너나없이 가슴을 풀어헤쳐 흉금 털고 그렇게 한마당이 된다.

병든 용왕의 애절한 청원에 하늘나라 도사의 진단처방이 내려지면서, 토끼 간을 구하기 위해 생판부지 육지로 떠나는 자라의 충성모험, 높은 벼슬을 주겠다는 자라의 꼬임에 넘어가 수중궁궐 용왕 앞에 대령하는 토끼, 용왕을 속이고 죽음 직전에 살아나는 교활한 토끼의 지략…. 웃고 우는 가락의 구비마다 땀을 쥔다.

목울대 너머로 꼴깍 넘어갈 듯 예리하게 이어지는 금속성 고음에서부터, 천근 바위덩이가 물속에 가라앉듯, 무거운 저음까지, 쉰 소리, 통 소리, 된소리, 찢어진 소리를 자유자재로 구사하면서 용왕과, 거북이, 토끼가 엮어내는 장장가사를 구절구절 토해내는 놀라운 명창의 성음(聲音)예술, 그 감동이 어찌 객석인들 조용하랴….

신들린 명창은 삼동혹한에도 땀으로 젖고, 허공을 휘젓는 고수의 북채는 더욱 높아져 무아의 경지에 이른다. 때로는 중중모리, 자진모리가 격한 가락으로 휘몰아치고, 때로는 장중한 우조, 화평한 평조, 애잔한 계면조가 가슴을 파고든다. 고수의 장단에 명창이 따르는가, 명창의 신음(神音)에 고수가 따르는가, 덩더쿵 다양한 장단, 굵고 가는 억양, 맺고 푸는 운율, 높고 낮은 가락, 앉고 서는 율동, 펴고 접는 부챗살…. 객석에선 끊임없는 얼쑤! 아무렴!

잘 한다! …. 어찌 삼위일체로 공연하는 '오페라'가 아니던가.

인생은 가락이라고 했다. 기뻐도, 슬퍼도 노래다. 정도, 한도 노래다. 구비마다 가락 아닌 삶이 없다. 넘기 힘든 고갯길 앞에서, 또는 선택이 어려운 갈래길 앞에서 갈등 많은 오늘의 세태인들 그 무엇이 다를까. 넘치는 호사 속에서 용왕처럼 군림하는 최고 권력자도 있고, 또 거북이처럼 신명을 바쳐 충성을 다하는 측근도 있으며, 꾀 많은 토끼처럼 진실과 허구 사이를 넘나들며 지략으로 살아가는 교활한 재사(才士)도 있다.

수궁가에 등장하는 자라, 토끼를 통해 우리는 오늘 무엇을 배우고 무엇을 깨달아야 할 것인가. 벼슬에 현혹돼 죽음도 모르고 생판부지의 자라 등에 업혀간 토끼의 경솔한 잘못도 생각되지만, 막다른 고비에서도 좌절하거나 체념하지 않고 번득이는 기지로 순간의 위기를 모면하는 놀라운 지혜도 깨닫는다.

수궁가는 아무나 부르는 노래가 아니다. 인간 세태의 여러 부류를 빗대고자 동물들을 등장시킨 의인화(擬人化)적 표현으로 삶의 지혜를 가르치는 민족전통의 교훈적 노래다. 용왕은 요즘말로 최상의 지배층이고, 자라는 지배층에 기생하는 측근 심복이며, 토끼는 힘없고 아쉬움 많은 민초들을 의미할 수도 있다.

비판적 시선마저 표현할 수 없었던 봉건적, 군주적 왕권시대 상황을 감안한다면 수궁가는 대단히 신랄한 풍자가 아닐 수 없다. 문학이 그 시대를 증거 하는 삶의 이야기이듯, 수궁가 역시 우리가 비켜설 수 없는 선대들의 생활문화다. 토끼의 기지를 통해서 희생만 강요당하는 민초 범부들에게도 억압된 상황을 극복할 수 있는 능력이 있음을 알리는 권력에 대한 엄중한 경종의 의미도 내포된 것이 수궁가다.

비수가 번득이는 해학도 있고, 만고불변의 진리도 있다. 어느 시대, 또 어느 상황이던 인간이 살고자 함은 이상과 현실 사이를 오가는 또 한마당의 수궁가가 아니던가. 그 어딘가를 향해 달콤한 이상을 꿈꾸며, 자라 등에 업혀 용궁을 찾아들고 있는 토끼의 무모한 행동은 2009년을 보내는, 바로 우리들의 자화상은 아닐지…. (2010. 1.)

춘향가 판소리 사랑이야기

떠나기가 아쉬운 듯, 서럽도록 소낙비까지 퍼부어대는 늦더위가 입추 처서 절기마저도 무색케 하던 날이다. 이 일주 명창과 그 제자들이 펼치는 '춘향가 연창판소리공연'을 보기 위해 조예 깊은 이 강천 변호사 따라 서울 남산 국립극장까지 갔것다.

흔한 유행가사 한 구절도 제대로 부르지 못하는 내가 아니던가. 조박(調拍)도 분별치 못하는 주제에 언감생심 춘향가 판소리를 감상하겠다고 서울까지 내달았으니, 내가 나를 생각해도 가소롭구나. 허기야 무식해야 용감하다고 했지.

땀 절은 옷자락 식힐 사이 없이 허겁지겁 지정석에 앉으니 그때가 오후 5시 정각. 개막을 알리는 징소리 장엄하게 울리자 컴컴한 개석에 수런수런 긴장이 감돈다. 햇빛처럼 뽀얀 조명에 목화족자 3폭만 길게 내걸린 고색의 무대가 스르르 열리고, 한복 단정하게 차려입은 여자명창 남자고수가 사뿐하게 좌정한다.

드디어 고수의 북채가 허공을 가르며 탕 소리치자, 명창의 성음이 툭 터져 폭포수 같은 사설이 쏟아진다. — 이 도령 암행어사 되어 거지행색으로 변장을 하고 남원고을 춘향이집을 찾아온다. 박석고개 넘어 좌우산천을 둘러보니 산도 보던 산이요, 물도 보던 물이로다. 광한루야 잘 있더냐. 오작교도 무사 터냐. 동림숲을 바라보니 춘향과 내가 작별하던 곳이 구나 —

누가 판소리를 일러 '한국판 오페라'라고 했던가. 무대엔 명창, 고수 단 두 사람뿐이고. 사용하는 악기라야 달랑 '북' 하나다. 무대는 단출하지만, 쏟아내는 예술은 방대하다. 평조, 우조, 계면조를 넘나들며 진양조, 중모리, 중중모리, 자진모리, 휘모리, 엇모리, 엇중모리, 울고, 웃고…. 수 십 명의 배역을 명창 혼자서 소화해 낸다.

객석의 신명도 달구어진다. "얼씨구", "좋다!", "잘 한다!", 끊이지 않는 추임새와 박수소리…. 이 일주 명창을 비롯해, 그가 배출한 제자 4명의 명창들이 각기 다른 성음으로 이어낸 춘향가 연창이 끝난 시간은 어느덧 밤 10시 30분….

설렁탕 마시듯 먹고 서둘렀어도 장충동에서 서울역에 도착하니, 그때는 이미 늦은 밤12시, 경부선, 호남선 기차들이 모두 끊겼다. 나그네가 따로 있나, 갈 곳 없으면 나그네지…. 역 주변 구석마다 즐비하게 잠든 노숙인들 틈에 끼어 하루 밤 지낼 것을 작심하는 순간, 길 건너 맞은편에서 네온불빛 번쩍대는 '24시 찜질방' 간판이 구세주처럼 나를 부른다.

심야입장료 1만2천원, 얼른 주고 찜질방으로 든다. 피 빨아먹은 모기 배때기처럼 검붉은 전구 빛 듬성하게 매달린 음습한 공간에 가운 하나 걸친 동병상린의 알몸 인간들이 나뿐 만은 아니구나. 나처럼 판소리공연에 팔려 기차시간 놓친 사람들은 아닐 테지….

젊은 남녀 끌어안고 속닥대는 뒷자리가 민망스러워 다시 빈자리를 찾으니, 이번에는 천정이 들썩대도록 불어재끼는 코골이 나팔수 옆이다. 쉽게 잠들기는 틀렸구나! 생각하면서도 할 수없이 그 옆자리에 드러눕는다. 예상대로 금방 몰려들듯 한 졸음은 멀리 달아나고, 남원 땅 광한루 월 매집 별초당에서 촛불 끄고 속살대는 춘향이와 이 도령의 사랑 얘기만 환청 되어 말똥하게 진양조로 감겨든다.

— 어허 둥둥 내 사랑이야, 지리산 높은 봉과 요천 수 맑은 물의 산수정기 한데모아 우리 춘향 생겼는가, 전생의 연분으로 이생에 만났으니, 그네 뛰던 채색(彩色) 줄이 월로(月老)의 적승(赤繩)인가, 내 보던 광한루가 초왕(楚王)의 양대(陽臺)인가, 어허둥둥 내 사랑아 — 글공부에 얽매였던 양반집 총각이 사랑으로 타는구나, 규방(閨房)속에 싸매두었던 기생 딸 열여덟 춘향이 가슴속에 여심이 녹는구나….

어느 누가 사랑은 눈물의 씨앗이라 했던가. — 동부승지 교지가 내려왔으니 먼저 한양으로 올라가라 —. 지엄한 부교(父敎)에 이 도령은 사색이다. 하라는 공부 제쳐두고, 몰래 외출해 광한루에서 꼬셔댄 춘향과의 사랑 얘기를 감히 아버지 앞에 고할 수도 없는 일…. 춘향과 이별을 생각하니 눈물이 쏟아진다. 허지만 몽용은 춘향에게 이별을 알리지 않을 수 없다.

이때 춘향의 낙심절망 무엇으로 헤아리랴. — 여보 도련님 참으로 가실 나요. 나를 어쩌고 가실 나요. 인제가면 언제 오실 나요. 올 날이나 일러주오. 동방화계춘풍시(東方花階春風時)에 꽃피거든 오실 나요, 금강산 만이천봉 평지가 되거든 오실 나요, 사해 너른 바다 육지가 되거들랑 오실 나요. 용 가는데 구름가고, 범 가는데 바람 가니, 임 가시는 곳에 나도 가야지 — 면경, 체경, 산호죽절 문밖에 내던지며 앙탈통곡이 자지러진다.

남녀의 사랑은 귀천 없는 음양의 이치에서 이어받은 것, 몽용이도 기가 막혀 중모리장단으로 넘어간다. — 오냐, 춘향아 우지마라. 양반행실이 원수로구나. 내가 간들 아주 가며, 아주 간들 잊을 소냐. 녹수부용채련여(綠水芙蓉採蓮女)도 추월강산(秋月江山)에 연을 캐며 상사(相思)하였으니 우리들 깊은 정도 상봉할 날 있을 거다. 쇠끝같이 모진마음 홍로(紅爐)라도 녹지 말고, 송죽같이 굳은 절행, 네가 날 오기만 기다려라. —

엇모리, 중중모리, 자진모리…, 올려치고, 내려치고, 얼수!, 좋다! 명창, 고수, 객석이 혼연일체 되어 장장 5시간 30분…. 횡포 막심한 변 사또가 단죄 당하고, 정절 지켜 죽음 불사했던 춘향이가 구출되기까지 손에 땀을 쥐게 하는 긴박감은 객석의 우렁찬 박수로 막을 내린다. 찜질방에 누워 머리 속에서 다시 그려보는 '한국판 오페라' 환상…, 밤중에 혼자서 흥얼대고 있으니 이번엔 내가 미친놈—.

'변 사또'의 유혹과 포악한 강요 속에서도 이 도령을 향한 일편단심, 춘향이의 정절이야말로 세기를 뛰어넘는 사랑의 극치가 아니던가. 만남의 달콤함과, 이별의 쓰라림, 그리고 성공해서 다시 만나는 극적인 장면은 춘향가 판소리만이 연출해내는 '한국판 오페라'사랑 얘기.

세월은 흐르면서 세상을 바꾼다고 했다. 천정 모르던 황홀한 사랑이 천만구곡 심연까지 파고드는 아픔으로 변할지라도 참아내고 이겨낸 춘향 같은 정절의 여심이 오늘도 존재할까…. (2010. 9.)

억새꽃 하얀 허무

가을빛 수척해진 어느 산등성이 억새꽃 풍경이 TV화면에 가득하게 피어난다. 앳된 여자 리포터의 호들갑이 역겹기는 하지만, 하얀빛 여울 되어 능선을 휘감는 억새꽃풍경이 왠지 무상을 재촉한다. 육신의 두께가 얇아지면 마음까지도 사위어드는가. 한 해를 마감하는 심사가 공연히 허무해진다.

잎사귀마다 서슬 퍼런 칼날 삼엄하게 세워 범접할 수 없이 도도하던 위세도 모두 다 허상이었나. 허기야 억새도 잡초다. 제아무리 억세도 억새는 억새다. 세월 앞에선 억지도 소용없고, 억세도 별 수 없다. 비 맞은 가을나그네 남루한 행색이듯, 검푸른 초록빛 억새군락지가 온통 황갈색 무리되어 사색(死色)으로 변했으니, 제아무리 하얀색 뽐내 봐도 억새꽃은 서글프다.

과거로 빼앗긴 무상한 세월의 흔적인가, 되돌아 올 수 없는 바람의 언어인가. 아니면 윤회로 빚어내는 대자연의 순리인가. 영원으로 소통하는 죽음의 빛만 하얀 넋두리되어 청남 색 구천을 향해 하염없이 너울거리니 무량한 감회 허전할 수밖에…. 상념은 추억을 불러 온다 했던가. 지나온 추억의 시공들마저도 억새꽃 춤사위 타고 흐느적댄다.

갓 고개, 진 고개를 오르내리던 학교길 산 능선마다 무성하게 자라던 억새밭 추억이 아련하게 펼쳐진다. 찌르륵대는 여치 잡으려고 뛰어들었다가 바람에 휩쓸리는 억새 잎 칼춤으로 어린손등 곳곳에 핏방울 튕기던 동심이 아직도 고향에서 서성댄다. 어둠내린 산촌 언덕길에서 희뿌옇게 흐느적대던 유령 같은 억새꽃 춤에 놀라 비명 지르며 달아났던 추억들도 어제 같다.

생각해보면 억새는 바람의 풀이다. 유난히도 바람과 함께 어울리는 잡초다. 초록빛 출렁이는 억새밭 풍경은 비바람 부는 날이면 더욱 장관이다. 바람의 혼을 받아 생겨난 바람의 풀이기에, 늦가을 허공을 흔드는 억새꽃 풍경은 그래서 유령의 흐느적임처럼 허무한가.

아니다. 억새꽃은 꽃이 아니다. 꽃처럼 위장한 억새풀의 씨앗이다. 수많은 씨앗들을 매달고 벼이삭처럼 패어 나와 또 다른 번식을 준비하는 기능이다. 비상(飛上)을 위해 하얀 솜털로 감싸 안은 한 톨의 씨앗이 바람 따라 어디론가 떠나기 위한 처절한 방황의 시작이기도 하다. 잎 떨구어 낸 앙상한 나뭇가지에서 하늬바람 매섭게 울부짖는 날 억새꽃은 민들레 홀씨처럼 허공을 날라 어딘가로 하염없이 떠나야 한다.

바람으로 자라나, 바람으로 피어난 억새풀 씨앗은 바람의 운명을 닮는다. 솜털로 감싸여 정처 없이 날아다니고 휩쓸려 다니다 보면, 어느 지점에 정착해서 싹트고 뿌리내릴 겨를도 없다. 모든 씨앗은 흙을 만나, 흙속에 묻혀야 싹을 낸다. 때문에 억새는 종자 번식에 의존하기보다는 뿌리로 번식하는 또 다른 생태의 변태적 다년생 잡초인지도 모른다.

억새풀 씨앗은 거의 모두가 떠남으로 끝이다. 그래서 억새꽃을 보노라면 하얀 작별이 연상된다. 바람 따라 이리저리 날려 다니다 없어지는 정처 없는 여정이다. 억새씨앗을 굳이 꽃이라고 우겨대면 그 것은 허무의 꽃이다. 일생을 마감하고 삶을 일탈하는 종말의 의식이다. 한해살이 잡초가 4계절로 토막 난 세월의 끝을 알리며 영혼의 세계로 회귀하는 창백한 비상이고, 서글픈 회억의 몸짓이다.

한 시대를 구가하고 흘러간 옛 서정의 유행가, 고복수의 '짝사랑'노래가 구절마다 환청 되어 애절하게 스친다. "아—아— 으악새 슬피 우는 가을인 가요/ 지나친 그 세월이 나를 울립니다./ 여울에 아롱 젖은 이지러진 조각달/ 강물도 출렁출렁 목이 멥니다." 이 노래 말 속의 '으악 새'는 도대체 무슨 새일까?

차디찬 가을밤 정처 없이 하늘을 오가며 중천의 어둠속에 꺼이꺼이— 그리움 쏟아내는 철새이름도 아니고, 남의 영역 넘보지 않고 사시사철 언제나 제자리만 지켜 사는 옹졸한 텃새이름은 더욱 아니다. 짝사랑으로 가슴 태우는 가을 새인가. 잃어버린 세월을 한탄하는 사랑 새인가….

어느 곳도 탓하지 않고, 한 번 뿌리내리면 어디서나 억세게 자라다 세월 다하면 하늘을 향해 하얀 마음 쓸쓸히 날려 한 해의 존재를 마치는 바람의 풀 '억새'의 마지막 이름이 '억새 꽃'이다. 어디서나 억세게 자라는 생태적 특성 때문에 붙여진 억새풀도 바람에겐 눕고 세월에겐 죽는다. 하얀 이삭 백기처럼 흔들어 항복하고 만다.

떠오르는 아침햇살엔 '은빛'으로 치장하고, 황혼녘 붉은 노을엔 '금빛'으로 치장하지만 은빛도 금빛도 억새꽃에겐 부질없는 허영이다. 어떤 허영도, 어떤 사치도 위선은 진리를 이기지 못한다. 어느 학자는 억새꽃을 일러 서정의 꽃, 느낌의 꽃이라고 일렀다. 늦가을 낙엽 흩날리는 찬바람 등에 지고 하얗게 일렁이는 억새밭에 서면 "출렁출렁 강물도 목이 메듯" 숱한 회억이 밀려들기 때문이리라.

진리는 순리다. 진리 앞에 서면 잊히고 맺혔던 먼 날의 아련한 추억들도 보인다. 나에게도 지난날엔 억새풀처럼 푸른 시절도 있었고, 꺾일 수 없는 집념도 있었다. 바람으로 요동치는 야망도 있었고, 높고 큰 이상도 있었다. 허지만 그것들이 모두 순리로는 풀어낼 수 없는 허영이고 욕심이었음을 억새꽃이 하얘진 이제 서야 TV앞에서 깨닫는다.

이제 내 몸엔 하늘보고 흔들어댈 하얀 꽃도 없다. 금빛은빛 황혼을 장식할 아름다움은 더욱 없다. 자신마저 놓아버려야 하는 생명의 일탈이듯, 억새꽃 일렁이는 TV앞에서 가벼워진 내 마음하나도 간직하기 쉽지 않으니 이 또한 세월인가, 바람인가…. 천년의 세월 속에서 깨우침 인양 허허롭게 휘날리는 하얀 억새꽃의 장관을 보노라면, 어제 같은 내 삶의 인연들이 파노라마처럼 스친다. 하얗게 피어난 억새꽃은 허무의 상징인가…. (2010. 11.)

왜?

요즘 TV를 보노라면 손발 부비면서 운동하는 할아버지 보고 어린 손자가 "할아버지 왜 그래?" 하고 묻는 보험광고가 나온다. 곰곰이 "왜(?)"를 생각해본다. 이유를 따지고 묻는 사람들 모두의 의문은 '왜'다. 왜 나한테 그러는 거지, 왜 무슨 일 있어?, 왜 갑자기 한 잔?…. 불신과 믿음 사이에서 해답 없는 상용단어가 '왜'다. 가장 작은 언어로 가장 큰 화두를 만든다. 무엇 때문에, 무슨 이유로, 어째서 등….

우리들 삶의 핵심은 '왜'를 추구하는 것이다. 과학문명의 근원도 '왜'에서 비롯된다. 모든 연구의 궁극적 목표는 '왜'를 찾기 위함이다. 누구에게나 모든 생각의 핵심은 '왜'다. 깊은 학문탐구도 '왜'에서부터 출발한다. 프랑스의 철학자 데카르트는 "인간의 생각은 의심하기 때문에 존재한다."고도 했다. 문명은 '왜'를 찾아낸 연구의 부산물이 아니던가.

긍정 또는 부정을 상징하는 '왜'는 그래서 뿌리 깊은 인간의 역사다. 사물을 관찰하면 의문의 대상이 아닌 게 없다. 보면 볼수록, 생각하면 할수록 '왜'의 두께는 더욱 두터워지고, 무거워진다. 그렇기에 '왜'는 불신과 믿음을 동반한다. 바람 넣은 풍선처럼 불어나기도 하고, 또 때로는 스스로 터져 가라앉기도 한다. 말라붙은 눈곱만큼 작아지기도 하고. 불씨가 되어 군중들에게 감정을 폭발시키기도 한다.

'왜'의 힘은 강하다. 생각을 바꾸고, 현실을 바꾸고, 또 학문논리까지도 바꿀 때가 있다. 그냥 두어도 무관한 '왜'가 있고, 방치하면 큰일 내는 '왜'도 있다. 마음속에 '왜'가 많은 사람일수록 번뇌 근심도 많다. 세상을 항상 '왜'라는 눈초리로 본다. 글 쓰는 사람들의 생각도 예외는 아니다. 생각 속에서 '왜'가 없을 때는 글의 생명도 없다.

'왜'는 사물에 대한 인식방법 중의 하나다. 때문에 '왜'는 저항적 측면도 있고, 포용적 측면도 있다. 희로애락이나 생사고락에서 빼어놓을 수 없는 게 '왜'다. '왜'는 일상을 지배한다. '왜'는 모든 불신과 부정을 대표한다. 외롭고 쓸쓸한 단음(單音)의 단어가 세상의 모든 의문점들을 고스란히 짊어지고 있으니 영향력도 강하다.

샅샅이 뒤져내는 첨단과학문명에게 그토록 무한의 추궁을 당하면서도, 또 연구 석학들의 매서운 논리에 피할 수 없는 경지까지 끌려 다니면서도 입 한 번 벙긋함 없이 '왜'는 심오한 이유를 감추고 있다. 아무리 파고 헤쳐도 깨낼 수 없는 우주의 섭리가 그렇고, 억겁의 세월을 쌓아도 변함없는 진리도 그렇다. 허기야 믿음 중엔 맹신(盲信)같은 병든 믿음도 있으니, '왜'라고 무조건 없어지고 까발려야할 일만은 아니다.

연구실에서, 실험실에서, 또는 조사실에서, 고문실에서, 때로는 수많은 언론기관에서, 또 패거리들의 정쟁이 소용돌이치는 국회 청문회의장에서까지 혹독한 공세에 두들겨 맞고 휘청대면서도, 그럴수록 더욱 철저하게 동여매는 '왜'의 정체는 도대체 무엇이란 말인가. 발칙한 너의 정체는 어쩔 수 없이 꼬부라진(?) 운명의 '왜'일 수밖에 없구나.

누구라도 답답한 일에 부닥치면 우선적으로 찾는 것은 '왜'다. 어찌 그리 까다로운가. 어찌 그리 괴팍스러운가? 어찌 그리 고분고분함이 없는가. 매사 모든 걸 꼬부라지게 보고, 꼬부라지게 생각하고…, 어느 것 하나도 평범하고, 예사로운 게 없으니 말이다. 온갖 상상력, 추리력까지 동원해가면서 해답 하나 찾아내기 위해 궁상을 떨다보면, 너에게 매달린 내 마음까지도, 네 속으로 함몰되고 만다.

'왜'일까? 불신 속에만 사로잡혀 사는 사람들…, 핏기 없는 창백한 얼굴빛, 앙상한 손마디, 그리고 안경 속 깊은 눈자위에 몽롱하게 맴도는 번뇌…. 연상만으로도 섬뜩해질 때가 있다. 언제?, 어디서?, 누가?, 무엇을?, 어떻게?, 왜?…, 모든 것을 육하원칙(六河原則)으로만 따지려드니 오차도 없을 것이고, 여유나 빈틈도 없겠지.

존재하는 시공 속에서 언제나 보고 듣고 부딪히는 것들 모두가 변화뿐이니 '왜'일 수밖에 없는, 투철한 네 심정도 이해는 된다. 서로가 서로를 불신하고, 감시하고, 경계하는 각박한 세상이니 더욱 그렇다. 툭하면 '왜'를 동원하는 불신세태…, 그래서 '왜'라는 네 이름은 날이 갈수록 더욱 당연해지는지도 모른다.

따지고 보면 우리들 사는 것 모두가 '왜'를 찾아내기 위함이다. '왜' 속에 얽매여 '왜' 때문에 살고, '왜' 때문에 죽는다. 세상사 어느 것도 '왜' 속에서는 행태가 자유스럽지 못하다. 태초부터 오늘에 이르기까지 인간 역사에서 '왜'는 영원한 화두다. 동서고금 많은 명현석학들도 '왜'의 틀을 벗어나지 못했다.

그동안 '왜'의 정체를 숱하게 벗겨냈지만, 이 세상에서 '왜'는 줄어들지 않는다. 오히려 작은 '왜'가 큰 '왜'의 꼬리를 물고 윤회하고 있을 뿐이다. 따지고 보면 종교나 신앙의 시작도 '왜'라는 의문점 때문이었다. 종교나 신앙이 추구하는 사랑도, 행복도 '왜' 생기고 '왜' 없어지는지, 누구도 알 수 없다.

석가는 '왜'를 찾기 위해 권세와 명예가 가득한 가비라성의 왕세자 신분도 박차고 나가 동가식서가숙하며 설산고행을 자청했고, 예수는 '왜'를 찾기 위해 찬바람 휘몰아치는 광야 기도와 시련 속에 33세 젊은 나이로 만백성의 죄를 대신하는 속죄의 십자가에 몸을 바쳤다.

또 공자는 '왜'를 찾기 위해 도(道)를 철학으로 유교사상을 제창하면서 만인이 가야 할 인생의 대도(大道)와 정도(正道)를 가르쳤고, 세계적 철학의 태두 소크라테스는 '왜'를 찾기 위해 "너 자신을 알라"고 소리쳤지만 "국가가 인정하는 신을 배신했다"는 이유로 아테네 법정에서 사형으로 세상을 마감했지 않은가.

'왜' 사는가. '왜' 죽을까, '왜' 세월은 영원할까. 해답은 신만이 아는 형이상학적 비밀이다. 어느 명현석학도, 어느 신앙종파도 '왜'라는 외마디소리의 작은 단어 속에 함축된 의문하나 풀어내지 못한 채 행복, 사랑, 평화, 정의, 진실, 천당, 극락 등의 막연한 논리에 들떠, 어림도 없는 영생, 부활만 떠들며 혹세무민하고 있다.

지금 우리세상은 '왜'라는 의문점 캐내기 경쟁이다. 모든 교육의 목표는 '왜'에 대한 탐구다. 누가 어떤 대답으로 '왜'라는 과녁을 적중할 수 있을까? 삶과 죽음을 반복하는 '왜'의 윤회는 멈추지 않고 있다. '왜'로 표현되는 외마디 단어 하나가 세상을 흔들다니….

내 몸 속에 들어있는 내 마음인데도 '왜' 나는 내가 찾는 내 진실이 무엇인지 조차도 깨닫지 못하고 있을까. 영원한 화두 '왜'는 긍정인가 부정인가. 불신과 믿음 사이에서 오락가락하는 무량한 의문 '왜?' (2010. 10.)

여행 연습

서울 사는 기범(其杋)이가 할아버지 집을 찾아왔다. 엄마 아빠 품에 안겨 묻어 다니던 기범이가 이젠 혼자서도 대전(大田)을 찾아 올만큼 자란 것이 대견스럽다. 할아버지들의 마음은 모두 같으련만 손자를 만나는 기쁨은 나뿐인 것만 같다.

교통수단이 발달하고, 통신수단이 발달했다지만, 그럴수록 어린이들의 여행길은 더욱 두렵고 불안하기 마련이다. 그런데도 방학때면 할아버지 집에 다녀가야 한다는 종손(宗孫)의 도리를 어렴풋이라도 깨닫는 것 같아 손자 기범이가 더욱 착하고 대견스럽기만 하다.

인생길 황혼 역에서 허전함으로 서성이는 할아버지들에겐 손자들이 찾아주는 것만큼 위안과 보람이 없다. 설을 앞둔 만원열차, 붐비는 사람들 속에서 어린것이 혼자나선 초행길에 겪어야 했을 불안과 초조는 얼마였을까. 기범이 머리를 다시 또 쓰다듬는다.

언제나 애기로만 생각한 할아버지의 기우였나, 늠름한 표정이다. 기범이도 이젠 어엿한 인격체로써 독립된 인생여정에 당당하게 들어서고 있음을 생각하니 장하기도 하고, 또 한편으로는 벌써 제 부모와의 인생결별이 시작되고 있음을 생각하니 만감이 교차한다.

1950년 초등학교 4학년 봄방학 때 내가 겪은 첫 여행 추억이 스친다. 기범이처럼 어린나이 때 처음 겪은 여행경험치고는 도전이었다. 목공이었던 작은아버지가 집을 떠나 대산면 화곡리란 산골마을에서 장기간 집짓는 공사를 하고 계실 때 이야기다.

도민증(道民證)을 주민증(住民證)으로 바꾸는 정부시책 따라 기간을 넘기지 않도록 알려주기 위해 아버지가 작은아버지에게 보내는 심부름이었다. 80리가 넘는 먼 길이었지만 어른들의 지시였기에 어김없이 따랐다.

지금처럼 포장길도 아니고, 교통편도 없었다. 첨단문명의 석유화학단지가 들어서기 전 대산(大山)지역은 정말로 오지벽촌이었다. 지금 생각해도 훗날, 거친 길 혼자 힘으로 걸어야 할 자식의 인생길을 걱정하신 아버지의 훈련이었던 것 같다.

이른 봄날 아침 일찍 출발해서 하루 종일 걸었다. 땀 고인 고무신바닥은 미끈거렸고, 거친 자갈길에 차이고 벗겨진 발가락은 피투성이였다. 주소만 적어가지고 처음 찾아가는 낯선 길이기에 어린마음은 두려움과 지루함 뿐이었다. 흙먼지 뿌연 황토 길은,

참기 어려운 배고픔과 고통의 길이었다.

산짐승들이 버석대는 험한 산을 넘고, 비릿한 갯바람 몰아치는 바닷가를 돌아야하는 먼 길은 초조와 불안으로 울먹임의 길이었다. 물어물어 해질녘에서야 작은아버지 일터에 도착하니 사람들이 감탄했다.

작은아버지 곁에서 하룻밤을 자고난 다음날 다시 80리길을 되돌아와서 나는 아버지 앞에서 피투성이 발가락을 내놓고 엉엉 울어버렸다. 그때 아버지는 "고생도 공부"라며 느껴 우는 나를 달랬다. 이젠 모두 세상을 뜨셨지만 돌아가실 때까지 작은아버지가 이 조카를 끔찍하게 생각한 것도 이런 추억과 무관치 않았을 것 같다.

어느 철학자는 인생 삶을 여행길에 비유했다. 일생동안 체험하는 삶의 과정이 모두 낯설고 새롭기만 한 나그네여정과 다를 게 없다는 것이다. 파도 거센 망망대해도 건너고, 구절양장 험산준령도 넘어야 한다. 잦은 병마와 싸워야하고, 거친 세파에 시달려야 한다. 명암으로 얼룩진 세월이 그렇고, 풍상으로 스쳐 지나는 인생이 모두 고난이다.

사전에 연습도 없고, 잠시 되돌릴 수도 없다. 촌각도 쉼 없는 모험이고, 방심할 수 없는 도전이며, 피땀 쏟는 개척이다. 항상 불안과 초조를 함께하는 위험한 길이고, 어디로 어떻게 가는지 촌각의 미래마저도 예측할 수 없는 길이다. 막연한 기대하나 앞세우고 희비를 넘나드는 길이 바로 인생여정이다.

도망치려 해도 빠져갈 길 없고, 벗으려 해도 벗을 수 없는 짐이다. 순간도 보장 없는 불확실성의 길이고, 언제나 부족함으로 허덕대는 미완의 길이다. 낳고 키워준 부모도, 피를 나눈 형제도, 모두 각각 혼자 가야하는 고독한 길이고, 내가 나조차도 모르는 고난의 길이 바로 인생길이다.

태아기, 신생기, 유년기를 거치면서 홀로 서기와 걸음마를 배우는 것도, 언젠가는 부모 곁을 떠나고, 형제 곁을 떠나야하는 외로운 여행연습 중 기초과정이다. 권리도 주장하고 의무도 짊어지고, 생업에 취직하고, 결혼해서 가정 갖고…, 이것들이 모두 혼자 가야하는 인생길 여정이다.

구천에 계신 아버지 생각이 울컥 치민다. 결혼 후 생업 따라 대전에 정착한 1968년 초기였다. 자식의 객지살림을 보기 위해 모처럼 찾아오신 아버지의 눈에 한이 서렸음을 나는 보았다. 그때는 너무 구차했었다. 60년대 말 고향 농촌의 생활도 가난했으니, 나누어주지 못한 아버지의 심정인들 오죽했으랴….

쓰디쓴 담배 한 갑 모두 태워 하룻밤을 지새운 다음날 아침, 초췌한 얼굴빛으로 또 한 짐 무거운 근심걱정을 짊어지고 서산집으로 향하시던 아버지는 "초년고생은 사서도 하라했다"하시면서도 당신의 아픈 마음을 감추지 못한 채 흐릿해진 눈빛으로 멀리 하늘을 쳐다보셨다.

고향 집으로 돌아가시던 발길이 얼마나 무거우셨을까. 직장에 출근하는 아들대신 초등학교 2년생인 어린 손자 제규(기범이 아빠)에게 천안까지 배웅을 받은 기억을 평생토록 잊지 않으셨다. 아버지는 고달팠던 삶의 여행을 모두 끝내시고 이미 세상을 떠나셨다.

삶은 모두 각각의 여행이다. 마음도, 생각도, 능력도, 지혜도, 인생관, 가치관도, 모두 각각이다. 기범이 인생길도 마찬가지다. 낳고 길러준 부모의 바램으로도 좌우할 수가 없다. 스스로가 개척해야하는 나만의 길이다. 아픔도 나뿐이고, 죽음도 나뿐이다. 함께 할 수 있는 건 오로지 무형의 운명이나, 팔자뿐이다.

그래서 어릴 때 혼자 여행은 교육이고 추억이며 세상사는 연습이다. 어린나이 기범이가 혼자서 할아버지를 찾아온 것도 인생길을 시작하는 여행연습이다. (2007. 2.)

소유의 다른 이름은

불가에서는 "비우라"고 가르친다. 욕심, 번뇌 모두 버리라는 것이다. 인생은 "공수래공수거"이거늘 마음도 비우고, 생각도 비우고 소유욕에 묶인 몸 훨이훨이 해방하란 뜻이다. 그러나 그게 어디 말처럼 쉬운 일이던가.

단순하게 무(無) 자(字) 하나 붙이고 떼어내는 작업이 아니다. 동가식서가숙하며 설산고행에서 부처님만 깨우친 해탈의 길이거늘…. 영원한 화두, 소유와 무소유…. 본능마저 거부해야 하는 처절한 수행 없이는 누구도 쉽게 찾아갈 수 없는 영역이다.

생애구책의 현장에서 울고, 웃기를 반복하며 애환으로 몸에 밴 범부의 일상이란 "비우기"가 "채우기"보다도 더 어려운 것 아니겠는가. 더구나 이기주의가 우선인 오늘의 세태에서 비우기란 형벌에 다름없다. 가진 자는 더 갖기 위한 욕심으로, 못 가진 자는 가진 자에 대한 상대적 배신감으로, 누구에게도 비우고 버려야 할 마음에 여유가 없으니 말이다.

삶의 구비마다 자글대는 정신적 갈등, 물질적 고통은 한두 가지가 아니다. 왜 훌훌 털어버리고 싶지 않을까. 그러나 그게 마음대로 버려지고, 또 생각대로 털어지지도 않는다. 인연으로 끈적대는 미련 한 가닥이 끈질기게 붙잡고 늘어진다. 비우면 반드시 채워진다고 하지만, 법정스님이 아닌 범부에겐 귀 밖으로 스치는 진리일 뿐이다.

태어날 때 사람들 마음은 누구나 하얀 종이와도 같다. 글을 쓰든, 그림을 그리든, 종이의 가치는 쓰임에 따라 달라진다. 독자를 감동시킬 글 몇 구절로 대대손손 빛나는 가보로 물려질 수도 있고, 잘못 쓰여 순간에 구겨지고 찢겨져서 쓰레기통으로 들어갈 수도 있는 게 종이의 일생이다. 삶의 운명도 비슷하다. 어떤 생각, 어떤 마음으로 사느냐에 따라 인격형성에 차등이 생긴다. 소유와 무소유의 진리, 그 또한 어찌 다르랴.

문제는 욕심이다. 보낸 적 없는데 가버리고, 주는가 했더니 뺏어가는 세월의 속성과 다르지 않다. 깜빡 잊었다가도 어느 순간 되살아나서 고삐를 죄는 게 그놈의 욕심이다. 하기야 욕심 없는 삶이 어디 있을까. 그래서 합당한 소유는 무소유도 인정한다. 완전한 무소유는 없다. 생명을 가지는 것, 도덕을 쌓는 것, 자비와 사랑을 갖는 것도 소유가 아니던가. 지나침이 문제다. 소유의 지나침은 욕심이고, 무소유의 지나침은 죽음이다.

비우라고 하면서도 더욱 채우고, 버리라고 하면서도 더욱 옥죄는 집착. 갈등, 번뇌를 무겁게 짊어지고도, 이게 바로 인생이 벗어날 수 없는 삶의 실체이고 현실임을 되뇌고 있으니, 무소유는 불가사의한 형이상학론 뿐이던가.

생김새마냥, 성격마냥 사람마다 욕심도 다르다. 똑같은 어둠과 똑같은 밝음으로 태어나 같은 하늘아래 같은 공기 마시며, 똑같이 살면서도 내면에 실존하는 욕심과 집착들은 각자가 다르다. 규모 또한 누가 실측하고, 누가 환산하랴.

올해도 벌써 열두 달을 다한다. 영원을 안달하는 삶의 욕심에 세월은 아랑곳없다. 물끄러미 하늘을 올려다보노라니 스치는 하얀 구름들이 바쁘다. 어느 스님 문장가는 "인생은 구름 한 점 생겨나고 흩어짐과 같다"고 했다. 어디서 오고, 또 어디로 가는지 알 수도 없다. 소유의 다른 이름, 무소유를 생각게 한다.

나는 오늘도 상념하나 데리고 산책길로 향한다. 이글대던 태양도 무섭지 않을 만큼, 푸르디푸르던 젊음의 세상도 일장춘몽이었던가. 나무들은 스스로 숱한 잎을 모두 버리고 미래의 설한풍 앞에 알몸으로 다가서고 있으니 새봄, 새잎으로 더욱 푸른 삶을 채우려함인가.

점심 공양예불을 알리는 고축사 종소리가 보문산 능선을 따라 먼 계곡 앙상해진 나무 밑까지 사위어든다. 크고 작은 세상사 인연들이 비운만큼 다시 채워지는 이치의 설문인가. 가진 것 모두 털어내고 비워진 늦가을의 산길은 그래서 소유의 다른 이름으로 다가온다.

밟히는 낙엽 속에서 크고 작은 망실(忘失)의 허전함이 묻어난다. 하늘을 향해 억척스레 기어오르던 칡넝쿨마저도 집념을 비운 듯, 마른 잎 툭툭 떨구며 한 생의 매듭을 짓고 있다. 세월의 눌살에 밀려 무심코 흐르다가 문득 깨달음의 문턱에서 비로소 한숨 짓는 인간사와 어찌 다르랴.

이정표는 길가에 말없이 서 있을 뿐이다. 누구에게도 이리 가라, 저리 가라, 가리켜주지 않는다. 스스로가 알아서 선택해야 하는 게 냉엄한 이치다. 내가 나를 돌아다본다. 70년 걸어온 길들이 아련하다. 천진난만한 평지에서 출발해, 구절양장 험준한 산길, 폭풍우 몰아치는 망망대해를 지나, 지금은 어느 곳인지 알 수 없는 석양마루에 섰다. 그것도 은퇴란 이름표를 가슴에 달고….

햇수로 따져 70년이 넘는다. 결코 짧지 않은 세월이다. 소유만을 추구하며 욕심으로 살아온 날들이 주마등처럼 스친다. 얼마를 더 살아야 되는가. 멀어진 추억의 편린들만 만지작거린다. 이것도 범부의 욕심인가, 아니면 미련의 회한인가.

소유와 무소유는 같은 내면의 마음속에서 함께 살고 있다. 진실과 위선도 한 몸속에 동거한다. 행복과 불행의 추억이 서로 비움과 채움으로 교차하며 갈등과 번뇌로 밀려든다. 가랑잎 구르는 소리 하나에도, 산비둘기 푸득대는 날개 짓 소리에도, 마음이 흔들리는 연약한 존재다.

갖고자 하는 마음도 중요하지만, 버리고자 하는 마음은 더욱 중요한 지혜다. "너는 네 자신을 아는가?"라고 누가 말했던가. 알 듯 하면서도 막막한 물음이다. 내가 알 수 있는 것은 "태어났기 때문에 죽어야 한다."는 사실 하나뿐이다. 그러나 우리는 죽음을 생각하지 않는다. 오직 삶에만 집착하고, 소유만 집착한다.

인간의 역사는 욕심과 집착의 역사다. 보다 많은 몫을 차지하기 위해 끊임없이 싸우고 있다. 더 갖기 위한 욕심 때문에 역사는 언제나 경쟁과 전쟁으로 출렁거린다. 잘살기 위해 만들어내는 기술문명도 알고 보면 모두가 소유를 위한 욕심이다. 돈, 명예, 이성에 매달리는, 이 무한한 집착은 무한한 갈등이고 또 끝없는 전쟁이다.

소유욕은 본능이라지만 사실은 대물림이다. 할아버지는 아버지에게, 아버지는 아들에게, 또 그 아들은 또 그 아들에게 무한한 욕심을 대물림한다. 어린 아들에게 장난감 총과 칼을 사주는 것만 봐도 욕심의 대물림이 틀림없다. 비록 장난감이지만 총과 칼은 전쟁에서 사용하는 살육을 위한 무기다. 아버지가 귀여운 아들에게 장난감 총과 칼을 서슴없이 사주는 것은 일찍부터 살육하는 연장사용이 익숙해지도록 가르치는 것이다.

하지만 아무리 욕심을 가르쳐도 우리는 끝내 빈손으로 간다. 끔찍이 여기던 자신의 육신마저 버리고 낙엽처럼 떨어질 것이다. 억만장자의 재물로도, 천하를 호령하던 권력으로도 생명의 한계는 어쩌지 못한다. 소유의 다른 이름, 무소유는 불국정토에서나 내걸리는 환상의 구호뿐일까. (2009. 11.)

제3장

다 그런 거지

벽에 걸린 세월 전시회

다시 불러보는 백마강 노래

늙으면 다 그런 거지

걷다 보면 안다

은퇴 인생들의 돈 벌기 지혜

네가 올래, 내가 갈까

황당荒唐, 몇 번이나 경험했나

난성蘭性, 난심蘭心

10억짜리 분재

내 이름은 무추

잊었는가, 6월의 비극

술이 생각나는 한자一子의 단어

벽에 걸린 세월 전시회

세월이 멈췄다. 시간이 멈췄다. 내 발길마저 멈추고, 내 눈길까지도 멈춘다. 문명에 밀려 아득해진 유년의 추억들만 주마등 되어 한없이 달린다. 부질없는 나이 탓인가. 과거와 현재가, 존재와 부재가 파노라마처럼 번갈아 춤을 춘다. 누가 일러 상념이라고 했던가.

아무리 찾아도 보이지 않고 만질 수도 없는 것들, 아무리 불러도 대답조차 없으니 생각마저도 지워진 것들, 더욱 아리고 울적해지는 것은 어릴 적 함께했던 때와 장소, 주변에 풍경까지도 모두 바뀌고 사라졌다는 사실이다.

그리움은 언제나 구심점에서 시작하는가. 지금의 존재보다는 아득하게 멀어진 과거의 부재 쪽에서 그리움은 시작되게 마련이다. 현실에 휘둘려 지워진 듯하지만 그래도 마음속 깊이깊이 담아놓고 있는 게 옛날의 그리움이다.

어떤 이유로든 잊어야 했고 버려야 했던 먼 과거 속의 상념들…, 세월이 그냥 흐르기만 하던가. 부른 적 없는데 찾아들고, 보낸 적 없는데 가버리고, 주는가 하더니 빼앗아가기도 하는 게 세월이다.

누구는 무정타 하고, 누구는 무상타고 한다. 때로는 껑충 뛰기도 하면서 존재와 부재, 또는 삶과 죽음을 넘나들기도 한다. 하얗게 잊었다가도 어느 순간 명암으로 되살아나서 감성을 울컥이게 하는 것 또한 세월이 아니던가.

묻혔던 추억도 되살아나면 오솔길처럼 길어질 때도 있다. 존재했었다는 것만으로도 감동스러운 추억도 있다. 살아온 길 굽이굽이 헤집고 달려온 그 세월 속의 사연들이 바로 우리들의 추억이다. 현재는 과거를 만들고, 과거는 추억을 만든다. 보고 또 봐도 거부할 수 없는 내 삶의 추억들…. 시큰한 감회가 콧등 타고 흐른다.

광정(廣亭) 신건이(申健二) 선생의 흑백사진전. 청명한 어느 날 '예향갤러리'에서 가을나비처럼 여리게 나래를 폈다. 연륜 80을 눈앞에 둔 자신의 자화상이듯, 그는 옛날의 흑백사진 작품 50여점을 전시장에 내걸었다.

세월을 잡고 무상을 낚아 순간마저도 꼼짝 못하도록 사진 속에 묶어놓은 옛날의 추억들을 벽에 매달았으니 영락없는 "세월 전시회"다. 현재가 밀어낸 과거다. 문명이 거부한 미개다. 그러나 잊을 수도 없고 버릴 수도 없는 우리들의 진솔한 사연들이다.

시대는 가고 사진만 남았는가. 심연에 잠들어 있던 감동까지 흔들어 댄다. 구천에 계신 부모님 모습이 환상되어 스치고, 헐벗고 배고프던 시대, 아린 추억들이 다가선다. 먼 세월의 깊이가 묻어나는 작품마다 노래되고 시가 되어 서정이 은은하다.

중부권에서는 제1호 사진예술가로 날리던 자긍심도 이제 시드는가. 광정 선생은 개막 인사말도 끝내지 못한 채, 눈물을 터뜨려 말문을 닫고 말았다. 무거운 회한이던가. 아니면 눈물도 예술이던가. 정지된 옛날의 순간들을 벽에 걸어놓고 보니 속절없이 변해 버린 자신의 모습이 허무했는지도 모른다.

자존심 굽힐 줄 모르던 원로 사진예술가. 평생을 진실의 예혼만 지켜 살아온 집념의 '사진 쟁이', 그에게도 어김없이 연륜은 쌓였다. 어느덧 검버섯 드리운 얼굴에 황혼을 그렸다. 피할 수 없는 세월, 무거워진 감회에 어찌 눈물인들 없었으랴.

벽에 걸린 작품들 앞으로 조심스레 다가선다. 풀섶에 버려진 채 푸석푸석 썩어 주저앉은 나무 절구통이 첫눈에 들어온다. 문명에 쫓겨난 세월의 흔적이듯 측은하다. 몸통 주위엔 하얀 곰팡이버섯까지 켜지어 덮였다. 시대를 잃은 절구통….

낯선 객지에서 고향친구라도 만난 듯 절구통이 내게 말을 건다. "당신 참 잘 왔소! 당신도 세월 앞에서는 별수 없이 늙는구려! 문명이라는 세월이 오기 전에 당신도 내 가슴속에서 찧어낸 곡식들로 목숨을 살아온 때가 있었지?…." 주인 잃고 내동댕이쳐진 절구통의 하소연이 연달아 이어진다.

"대대손손 당신의 조상들과 애환의 사연을 함께하면서 나도 한 때는 재산목록 1호를 지키던 당신들 가문의 생명도구였다오. 버려지고 썩어지는 오늘의 내 모습을 보면서 당신은 지금 무슨 생각을 하고 있소?…." 추억을 더듬는 세월의 소리가 등줄기타고 서늘하게 스치는 건 나만의 감성일까.

삶을 찧어내고, 한을 찧어내던 어머님의 인고가 응어리진 나무 절구통, 쏟아 담은 눈물은 얼마이고, 통한으로 흘러 배인 땀방울은 얼마이던가. 가을되면 타작마당까지 끌려나와 볏단을 태질 하던 아버지의 한풀이도 함께했던 생활도구였음을 내 어이 모르랴.

디지털시대에 감상해야 하는 아날로그시대의 영상들을 요즘 사람들이 알기나 할까. 감회가 무너질까봐 눈길마저 헛되게 던질 수 없는 소중한 작품들이다. 기록성, 역사성, 예술성으로 소용돌이치는 시공의 편차가 진실을 구사하는 예술혼 없이는 감히 가늠할 수가 없구나.

나무 절구통뿐이 아니다. 전시작품 모두가 세월이듯 비껴갈 수도 없고, 삶이듯 버릴 수도 없는 숙명적 편린들이다. 시대문명을 앞세운 오늘의 세태에서는 아득하게 지워진 고색의 풍경들이고, 아련한 풍상의 흔적들이다.

움푹 파인 절구통 속엔 쌓이고 쌓인 세월의 먼지들이 풀씨 하나 보듬어 싹을 틔웠으니 과거를 보내고 오늘로 이어지는 끈질긴 생명의 윤회다. 사는 이 없어 흉물처럼 주저앉은 산촌의 폐가(廢家) 터에 흔적이듯 남아있는 이끼 덮인 돌 담장풍경은 차라리 그리움이다.

물새들 울음조차 멎은 갯벌에 처박혀 철골만 앙상하도록 치켜세운 폐선 너미로 뭉게구름 고즈넉한 하늘풍경은 공허하다. 굳게 걸어 잠근 빗장도 풀지 못한 채 쓰러지기 직전인 유가(儒家) 고택의 대문은 과거와 현재를 가르는 단절의 상징인가. 광정 선생의 '세월 전시회'는 그래서 유다른 삶의 역사다. (2009. 10.)

다시 불러보는 백마강 노래

못다 한 사류(史流)의 한 이던가…. 태울 수 없는 패망의 잔영이던가…. 아직도 그 산천 그 자태 그 자리에 머물고, 그때 그날의 기후풍상 변함이 없건만 무상한 세시는 쌓이고 쌓여 어느덧 1천4백 년…. 원한도, 탄식도 세월가면 부질없는 것, 이제 와서 누구를 원망하고, 누구를 저주하랴….

밟으면 밟을수록 자국마다 통한의 역사들이 묻어나는 옛 백제의 수도 부여(扶餘)…. 유구한 산천은 지금이 그때이듯, 백마강 그 물줄기 예대로 유유하고, 부소산 푸른 숲에 망월 대도, 송월대도, 고란사 옛 자태도 변함없구나.

천추가 쌓인 한이런가. 그때 그 구름 여름하늘 무겁게 덥고, 솔숲 새어나는 그때 그 바람소리 오늘도 무심하게 부소산 자락을 쓸어내린다. 3천 궁녀 유혼이던가, 낙화암을 감도는 백마강 물빛도 그날처럼 푸르고, 영원히 잠들 수 없는 비운의 역사이듯 예대로 흐르는구나.

기축(己丑)년 6월 중순, 세상이 온통 푸른 날이다. 천 년의 빛 하늘에 떠도는 태양과 구름 한 점까지도 그때 그날이듯, 백제가 숨 쉬는 고도 부여를 찾는다. 갑옷투구차림에 부릅뜬 시선 황산벌을 향하고, 치켜든 창칼 하늘을 찌를 듯 전장으로 달리는 계백의 동상만 외로운 로터리를 돌아 행사장으로 간다.

지척에 두고도 쉽게 찾지 못하는 땅. 시류를 좇아야 하는 게 삶의 이치던가. '102회 문학사랑 축제' 참석을 핑계 삼아 모처럼 만에 옛 구드레나루터 강둑에 주저앉았다. 발아래 하염없이 스치는 백마강을 바라보며 시공을 뛰어넘는 아련한 사색 한 보따리 풀어헤친다.

온조왕부터 의자왕까지 31왕이 다스렸던 678년 사직의 백제나라, 북방 발해 땅에서 건국하여 위례, 웅진, 부여에 이르기까지 천도역사도 잦았지만, 빼어난 기상, 뛰어난 무용, 고도의 문화, 우수한 기술로 한반도 서남부와 중국의 하북, 하남성 일대는 물론, 일본열도까지 영토로 거느렸던 때도 있었지 않았던가.

염소수염에 교활한 표정의 당나라 장군 소정방의 오만불손한 횡포가 섬뜩하게 환영되어 스친다. 사자 루에 쫓겨 앉아 3천 궁녀 강물 속에 뛰어드는 낙화암의 비명절규에 넋 잃은 의자왕 모습도 처연하게 비춘다. 산 아래 도읍지가 온통 나당연합군에 짓밟혀 아수라장이 된 백성들의 아비규환도 환청(幻聽)되어 고막을 찢는다.

나라를 다스리는 통치자의 사명과 능력, 전쟁에서 승자와 패자의 엇갈리는 운명은 어찌 백제역사뿐이랴. 고구려가 그랬고, 신라도 그랬다. 흥망성쇠를 반복해온 오늘의 역사인들 무엇이 다를까. 당파싸움으로 망국의 한을 자초한 이조역사가 그랬고, 남북으로 분단된 6.25전란이 그랬다.

망국의 한 1400년, 부여는 발길 닿는 곳마다 역사가 살아있는 사적지고, 눈길 머무는 곳마다 유품들이 숨 쉬는 유적지다. 무량한 회한 벅차게 끌어안고 시선 들어 낙화암, 고란사에 이르니 구곡간장에 배어드는 애달픈 백마강 노래가 다시 들리는가….

백마강 달밤에 물새가 울어/ 잊어버린 옛날이 애달프구나./ 저어라 사공아 일엽편주 두둥실/ 낙화암 그늘아래 울어나 보자. // 고란사 종소리 사무치는데/ 구곡간장 오로지 찢어지는 듯/ 누구라 알리요 백마강 탄식을/ 깨어진 달빛만 옛날 같으리.

어느 사학자가 말했듯 "역사는 과거로 떠나버린 여정이 아니라 오늘의 과제로 다시 돌아오는 귀환"이던가. 부끄러운 역사인가. 무성한 숲 속에 가리어 형체만 어렴풋해진 낙화암을 올려다보니 가슴이 뭉클해진다. 조용히 눈을 감고 상념 속에 잠긴다. 환영되어 몰려나온 서러운 넋들의 자태가 그날의 처참했던 광경을 재현하듯, 흐느적거리며 춤사위를 풀어 헤친다.

얼마나 애절했기에, 얼마나 다급했기에 치마폭 머리에 뒤집어쓴

3천명 궁녀들이 절벽 밑 강물로 뛰어들었을까. 환상이지만 처참한 그 현장이 주마등처럼 스쳐 지난다. 나도 백제인 이라는 생각이 정수리에 꽂힌다. 등골이 오싹해진다. 뜨거운 탄식이 가슴을 달군다.

삼국시대를 대표했던 백제국의 고도, 일본까지 전수된 찬란했던 문화…, 그때는 옛날이고 지금은 현실이라고 누군가가 외치는 듯하다. 유적지, 사적지에 묶인 개발제한 때문에 빚어지는 현지 주민들의 원성과 불평이기도 하다. 백제고도(古都) 관광지는 허울 좋은 이름뿐이다. 부여에는 지금 제대로 된 숙박시설 한 곳이 없다.

백제문화를 폄하했던 삼국사기의 곡필(曲筆) 때문인가, 아니면 일제 식민사학자들의 왜곡 때문인가. 같은 삼국시대 신라의 수도였던 경주는 이미 개발된 지 오래다. 경주보다 낙후된 부여 주민들의 원망은 당연하다. 오래 전부터 개발은 떠들어도, 개발이 없는 곳이 부여다.

세력 순위에서 밀려난 정치적 후유증이기도 하다. 지역주민들을 볼모로 반세기 가까운 세월 자신의 영달만 따먹고 물러난 지역출신 정치지도자의 무능과 태만, 무관심도 이미 알려진 사실이다.

정신적인 가치고집도, 문화적인 가치고집도 이제는 놓아야 할 사색의 말미에 이르렀는가. 아니면 급속하게 변화하는 이기적 세태에 한계점으로 다가왔는가. 어쩔 수 없는 삶의 현실이라고는 하지만, 부여는 이제 백제문화의 고도라는 소중한 역사적 가치권역에서 퇴색되고 있어 안타깝다.

강둑에 앉아 바라본 백마강 풍경부터 그렇다. 애잔하게 들리던 옛날의 노래처럼 일엽편주 두둥실…, 노 젓는 뱃사공 풍경도 없어졌다. 관광용으로 떠다니는 황포돛대 유람선마저 취흥과 상혼으로 위장된 동력선이다. 백제시대를 상징화한 백마강 정취가 아니다.

향불 피우고 제례 올리며 엄숙하고 무거운 모습만 보이자는 것은 결코 아니다. 백마강, 고란사, 송월대, 영월대, 사비루…, 수없이 산재된 백제유적, 사적들의 깊고 큰 의미를 지켜야 한다는 말이다. 백제고도의 역사성과 의미가 살아있는 백제권 개발정책이 시급하다.

부소산 오솔길, 구드래 공원에 흐르는 노래도 외국 팝송, 외국 가곡보다는 백제를 상징하고 고도의 정취를 연상케 하는 노래로 바꿨으면 좋겠다. 부여의 이미지를 한 차원 부각시킬 수 있는 지혜 창출이 아쉽다. 다시 불러보는 백마강 노래에 가슴이 저미는 것은 나만의 감성일까. (2009. 6.)

낡으면 다 그런 거지

양지쪽 화단에 노란 개나리꽃이 피기 시작하던 3월 하순이었다. 형제처럼 지내는 아우들 네 쌍 부부를 집으로 초대해서 저녁 식사 한 끼 나누던 날이다. 상 위에 올려놓고 물을 끓여야 하는 가스레인지 중 1개가 말썽을 부린다. 누르면 제자리에 고정돼야 하는 부탄가스 접속 스위치가 마모돼서 고정되지 않는다.

쇠꼬챙이를 동원하고 나무젓가락을 분질러 틈새에 꽂는 등의 부산으로 겨우 스위치를 눌러놓고 불붙이는 데까지는 성공했으나, 손님 초대해 놓고 낡은 가스레인지 때문에 호들갑을 떨어댔으니, 아내 입장에선 민망할 노릇이다. "당장 버리자"는 책망이다. 그러나 내 생각은 다르다고 능청을 떨었다. 병고 잦은 늙은이를 갖다 버리자는 것과 다름없는 논리에 동조할 수 없다고 했다. 늙으면 다 그런 거야…. 모두들 웃어 넘겼다.

어떤 것도 오래 쓰다보면 고장 나게 마련이다. 91년도 이 아파트로 이사들 때 준비한 것을 지금까지 사용했으니 자그마치 만18년 동안이나 우리가족과 고락을 함께한 애물이다. 가스레인지가 출현한 초창기 제품이니 별로 볼품은 없으나 옛 멋은 있다. 손보면 될 스위치 고장 때문에 버리기는 아깝다.

거친 음식 고운 음식, 때로는 매운맛 단맛, 신맛, 짠맛 요리해 먹으며 그놈 하나 식탁 가운데 올려놓고 식구들 빙 둘러앉아 도란댄 애환의 재산이 아니던가. 함께한 세월만큼 정도 배어있고, 손때도 배어있다. 오래되어 고장 날만한 때가 됐다는 사실을 알면서도 미리미리 살펴보지는 않고 언제까지나 새것 같기만 바랐던 주인의 의식이 문제이지 낡은 가스레인지를 탓할 일만은 아니다.

쓰다보면 고장 나는 게 왜 가스레인지뿐일까. 내 몸도 늙어서 곳곳이 고장이다. 몸이 마음을 따라주지 않고, 마음이 몸을 따라주지 않는다. 때로는 멀쩡하던 사람도 갑자기 쓰러져 병원으로 실려가 낫기도 하고, 죽기도 하고, 불구자가 되기도 한다. 고장은 예고 없다. 사전예방만이 지혜다.

세상의 모든 존재가 똑같은 이치다. 세상을 비추는 햇빛도 때로는 구름에 막히고, 달도 차면 기운다. 바위도 세월 가면 모래가 되어 바람에 날리고, 무쇠도 녹슬어 무용지물이 되기 마련이다. 늙고 낡으면 모든 게 온전할 수가 없다. 하물며 생활에 사용하는 사물의 이치야 말하여 무엇 하랴. 변하지 않고 고장 나지 않는 건 순리뿐이다. 문명이 발전한다지만 그럴수록 인심은 고장 나고,

살기는 더욱 복잡해진다.

우리는 삶의 곳곳에서 예고 없는 고장을 자주 경험해야 한다. 살다보면 어떤 부분이든 고장은 반드시 따라붙게 마련이다. 사람이 병나면 병원에 가서 치료하고 다시 활동하듯, 생활용품도 고장나면 가능한 한 고쳐서 다시 쓰는 게 미덕이고 지혜다. 고장 났다는 이유만으로, 유행에 뒤진다는 이유만으로 버려야 하는 논리는 허영이고 낭비다. 우리가 진정 버릴 것은 따로 있다. 허상이고 위선이다.

어느 날 골목길을 걷다보니 80쯤 돼 보이는 노인이 길옆에다 자전거를 자빠뜨려 놓고 그 앞에 엎드려 무언가 열심히 만지작대고 있다. 얼마나 애를 먹었는지 손바닥은 물론 콧등주변까지 새카만 기름칠로 얼룩이 진 채 지나는 사람들에게 난감한 구원의 눈빛을 보낸다. 흔한 일이지만 그대로 스칠 수 없어 가까이 다가가 유심히 들여다보니 앞뒤 바퀴를 연결하는 기어가 심하게 마모되어 체인이 계속 벗겨진다.

"기어를 바꾸지 않는 한 고칠 수 없겠다"고 하자 노인은 긴 한숨을 내쉬며 "늙으면 죽어야 한다"고 자조적 탄식까지 쏟아놓는다. 평생 동안 자전거와 함께한 '자전거인생'의 넋두리다. 배달부로 근무하던 우체국을 퇴직하면서 용도 폐기된 자전거를 불하받아 말년인생을 함께해온 애마란다.

고치고, 또 고치며 타고 다닌 세월이 20여 년…. "이 자전거는 노후를 함께한 내 인생의 분신이기에 아무 곳에나 그냥 버릴 수도 없다"고 한다. 배달부인생 30여 년 동안 대전 시내 구석구석을 자전거로 누볐고, 퇴직 후에도 20여년을 자전거로 살았으니 평생을 자전거에 싣고 산 노인의 낡은 자전거 집착에 누가 감히 흉으로 생각할까.

고장 난 우리 집 가스레인지 생각이 또 한 번 스친다. 툭하면 버리는 게 정(情)없는 요즘 세태다. 도심 뒷길을 걷다보면 버려진 자동차를 자주 본다. 외형으로 보아 멀쩡한 고급 승용차들이다. 주인이 누구기에 저토록 멀쩡한 자동차를 길가에 버렸을까. 얼마나 돈이 많은 사람이기에, 얼마나 지위가 높은 사람이기에, 아니면 선량한 사람들 등쳐먹는 사기꾼? 권력에 기대 한탕치고 도망친 모리배? 그것도 아니면 밤길 아녀자들 상대로 강도 강간 살인을 일삼다가 도망친 흉악범 차….

밑창을 7번이나 고쳐가며 구두 한 켤레로 9년을 신었다는 글이 나가자 사람들은 날보고 빈정댄다. 좋은 곳, 그른 곳, 밝은 곳, 어둔 곳 가리지 않고 생사고락을 함께한 신발, 닳은 굽 조금만 고치면 언제나 발에 익숙한 새 구두다. 언제부터 버리는 것이 미덕의 시대가 됐던가. 문명시대에 삐뚤어진 지혜인가. 낭비풍조에 들뜬 허영의 세태인가….

시골집 마당가 웅덩이 속에 담가두었던 어린 시절 희미했던 영상 하나 되살아난다. 작은 물결 속에서 헐벗고 배고픔으로 일렁이던 야윈 얼굴이 선하게 비춘다. 버리고 싶어도 버릴게 없었다. 떨어진 고무신짝, 돌에 채어 부러진 호미 날 하나, 심지어는 머리

빗을 때마다 모아두었던 어머니 머리카락마저도 엿이고 사탕이었다. 옷가지며 양말 한 짝도 헤지면 기워 입고, 꿰매 신었다.

곰팡이 핀 낡은 생각인가…. 그래도 나는 그 추억에 매달려 오늘을 산다. 고장 난 가스레인지도 그 중에 하나다. 타향살이 전세방 11번을 전전하던 설움 끝에 겨우 마련한 내 집의 기쁨을 함께 했던 살림이다. 이젠 늙어진 내 인생에도 고장이 잦아진다. 가스레인지인들 별 수가 있겠는가. 낡으면 다 그런 거지…. (2009. 3.)

걷다 보면 안다

왜, 때로는 실증이 날 때도 있지. 그러나 반드시 그렇지만은 않다. 걸으면서 만나는 사람도 많고, 떠오르는 생각도 많다. 걸으면서 보고 느끼고 깨닫는 보람도 있다. 새로운 것, 많은 것들을 보고, 생각하며 걷노라면 시간가는 줄도 모른다. 물론 너무 오래 걸으면 허리 무릎 발목 등 곳곳에 장애가 오지만 2시간 정도는 아직 괜찮다.

걷기란 첫 번째 이유가 운동이다. “시간이 곧 돈”이라는 타산적 개념으로 환산하면 걷는 것은 분명한 낭비다. 어느 사회학자는 “압축 성장에 대한 거부현상”이라고까지 따진다. 압축 성장 모델 속에는 속도, 시간, 경쟁에 대한 강박관념이 전제되고 있기 때문이다. 그러나 돈 주고도 살 수 없는 건강을 생각한다면 단순하게 이해타산만 앞세울 일은 아니다.

걸으면 자연스럽게 눈에 들어오는 게 많아진다. 보이는 게 많으면, 떠오르는 생각도 많아지고, 생각이 많아지면 깨달음도 많아지게 마련이다. 사고력 범주가 넓어진다. 달리는 자동차를 타고 세상을 보는 느낌과, 걸으면서 세상을 보고 느낌의 차이는 크다. 우선 쉽게 보고 느낄 수 있는 게 애환의 차이다. 사람이 산다는 것은 애환의 연속이다. 애환은 우리 모두의 삶 속에 존재하는 현실이다.

걸으면서 직접 보고 느끼는 현장의 애환은 체험하는 애환이고, 자동차 타고 스쳐보는 애환은 구경하는 애환이다. 구체적으로 현장에서 체험하는 애환과, 스쳐 지나며 구경하는 애환은 느끼고 생각하는 기준이 다르다. 윤리 도덕이 존중돼야 하고, 가치기준이 엄격해야 하는 이유도 이 때문이다. 슬플 땐 함께 슬퍼야 하고, 기쁠 땐 함께 기뻐해야 하는 게 인간의 도리가 아니던가.

나는 가급적이면 대전 시내 웬만한 곳은 거의 모두 걸어서 다닌다. 생활화되다 보니 별로 어렵지 않다. 걷다 보면 길가 주변에는 애환의 편린들이 숱하게 널려있다. 자동차 타고 다닐 때 보지 못하던 뒤안길의 음습한 현실들이 천태만상이다. 세상을 다 아는 척 살아온 그동안의 내 오만이 부끄럽다.

푯나물 한줌, 잡곡 몇 꾸러미로 초라하게 차린 좌판 하나에 생업을 걸고 앉아 오가는 행인들에게 손짓하며 생애구책을 호소하는 골목길 영세한 군상들의 힘겨운 모습에서 삶이 얼마나 고달픈 역경인가도 깨닫게 된다. 짙은 화장에 반나체 차림으로, 젊은 육체를 밑천삼아 뭇 사내들의 호기심을 등쳐먹고 사는 홍등가 골목 불나비족속들의 음탕스런 생태에서도 버릴 수 없는 인간 본능의 원천을 새삼 느끼게 한다.

한쪽 손은 흔들대고, 한쪽 다리는 질질 끌면서도 지팡이 하나에 의지한 채 어딘가를 향해 열심히 걸어가는 나이 든 중풍환자의 재활집념에서, 내가 오늘 이토록 걸어야 하는 까닭도 새삼 깨닫고, 건강이 얼마나 소중한 삶의 보배인가도 체험한다. 하루 종일 폐품 모아 가득 실은 손수레 받혀놓고, 해질녘 길목 쉼터에 앉아 서로가 땀을 닦아 주며 미소 짓는 다정한 중년부부의 근면한 모습에서도 가난이 결코 불행이 아님을 깨닫게 한다.

책가방 둘러멘 채 언덕길 계단에 앉아 해질녘까지 배고픔도 참아가며 먼 길로 행상나간 엄마를 기다리는 야윈 소년의 눈망울에서 결코 이지러질 수 없고, 좌절할 수 없는 강렬한 희망의 빛을 깨닫게 한다. 때로는 대낮부터 고주망태가 되어 좌우도 분간 못하는 젊은 취객의 넋두리에서 오죽하면 저 꼴이 되었겠는가 하는 연민의 정과 함께, 민생을 무시한 채 반대시위나 일삼고 있는 위정자집단에 대한 분노도 솟구치게 한다.

걸어야 할 길은 사람마다 다르다. 나는 나의 길이 있고, 너는 너의 길이 있다. 살아가는 방법이 다르고, 조건이 다르고, 환경이 다르기 때문이다. 집으로 가는 길, 직장으로 가는 길, 서울 가는 길, 부산 가는 길, 철길, 자동차 길, 등 형이하학적(形而下學的)인

길도 있고, 인생의 길, 성공의 길, 영광의 길, 마음의 길, 생각의 길, 등 깨달음으로써 열리는 형이상학적(形而上學的)인 길도 있다.

요즘 내가 걷는 길은 형이하학적인 길일뿐이다. 그러나 오래 걷다보니 형이상학적인 길도 어렴풋이 보인다. '오늘도 걷는다만 정처 없는 이 발길…' 한 시대를 풍미했던 유행가지만, 가사 속에 함축된 삶의 의미는 예나 지금이나 변함이 없다. 물론 압축 성장 과정에서 경쟁과 속도의 효율성을 무시하자는 것은 아니다.

우리는 애환의 구비마다 "인생길은 나그네 길"이라고 노래한다. 형이상학적 길도, 형이하학적인 길도, 인생길은 걸어야 한다. 오늘도, 내일도, 정처 없는 이 발길은 언제까지, 또 어디까지 될지 모르지만 나그네처럼 한없이 걸어야 한다. 아버지는 아버지의 길을 걸어야 하고, 어머니는 어머니의 길을 걸어야 한다. 자동차는 차도로 가야하고, 사람은 인도로 가야한다. 어느 누구도 가는 길은 순탄치 않다. 애환의 연속이다. 그게 바로 삶이다.

경쟁시대라는 기치 아래서 우리는 육체적으로, 정신적으로 허겁지겁 달리기 경쟁만 했다. 옆도 보지 않고, 뒤도 보지 않고 달리기 경쟁만 하다 보니 이웃도, 친구도, 우정도, 의리도, 세태가 모두 경쟁대상자일 뿐이다. 나는 오늘도 걷는다. 또 내일도 걸어야 한다. 그게 바로 내가 사는 날까지 걸어야 할 애환의 길이다. 인생길의 애환, 걷다 보면 안다. 오늘 나는 무엇을 보고, 무엇을 느끼고, 무엇을 깨달았나. (2009. 10.)

은퇴 인생들의 돈 벌기 지혜

세월타령, 건강타령, 백수타령은 은퇴 인생들의 지정곡이다. 어느 때, 어느 곳이든 둘 이상 모여 앉기만 하면 단골 메뉴다. 항상 청춘일 듯 철없이 지내다가 어느 날 갑자기 은퇴라는 현실 앞에 이르러서야 화들짝 깨닫게 되는 게 인생타령이다. 젊었을 때 늙음을 생각지 않고 살았다는 증거이기도 하다.

'청춘을 돌려다오/ 젊음을 돌려다오…' 취흥에 불러대는 유행가 한 구절이기엔 너무나 애절한 외침이다. 돌려줄 사람도 없지만, 또 돌려준들 받을 사람은 누구던가. 청춘을 뺏어가고, 젊음을 뺏어간 것은 세월이다. 어느 능력으로도, 또 어느 문명으로도 단 1분만이라도 세월의 흐름을 막아낸 역사는 없다.

불가능이 없는 신(神)의 조화로도 안 된다. 영생을 다짐하는 종교의 능력도 세월을 다스렸다는 기록은 없다. 인간들 스스로가 세월을 토막 내서 1년, 10년, 100년 등 나이를 셈하지만, 세월은

1년도 없고 백 년도 없다. 언제나 현재의 순간뿐이다. 순간을 깨닫는 순간, 그 순간도 이미 과거다.

남의 얘기가 아니다. 나 또한 다르지 않다. 언제나 청춘으로만 착각하고 살았다. 그러던 어느 날 문득 다가선 정년 앞에서 나는 아무 말 못하고 은퇴의 문턱으로 들어섰다. 살아온 날보다 죽어야 할 날이 가까워진 세월을 더듬어 보지만 지난 세월 간 곳 없고, 미래세월 보이지 않으니 저절로 타령밖에 나올 수 없다.

세월의 켜가 거듭될수록 '늙어지는 병'이 나타난다. 늙어지는 병은 태어날 때부터 가지고 나오는 불치의 병이다. 세기의 뭇사람들에게 군림하고 추앙받던 영웅호걸도, 천하가 모두 내 것 인양 무소불위로 떵떵거리던 부호귀골들의 금력도, 진시황을 품에 안고 요염 떨치던 절세미인 양귀비도 늙어지는 병은 어쩌지 못했던 것 아니던가.

낙엽내리는 늦가을 밤 컴퓨터 앞에 앉아 많은 것을 생각해 본다. 마우스 하나로 세상의 정보지식을 마음대로 주무르는 현대의 첨단문명도 늙어짐을 예방하거나 고칠 수 있는 의학은 개발하지 못하고 있다. 어떤 명의(名醫)도, 또 어떤 영약(靈藥)도 불로장생은 없다. 너도나도 늙어짐을 한탄하는 부질없는 세월타령만 무상할 뿐이다.

세월타령 뒤에는 반드시 건강타령이 이어지게 마련이다. 늙어지는 과정에서 신체 곳곳의 기능이 퇴화되고 고장 나는 것 또한 어쩌지 못한다. 기계도 오래 쓰면 고장이 잦아지는 것처럼, 사람의 육체인들 늙어서도 청춘처럼 왕성한 체력과 건강이 유지된다면 누가 청춘을 돌려 달라, 젊음을 돌려 달라 애원하겠는가.

조직세포가 점차 죽어가면서 곱고 포동 하던 피부에 주름살을 만들고, 뼈마디 곳곳마다 윤활유가 마르고, 퇴행성 통증이 따르게 되니, 자연 세월타령 건강타령이 잦아지게 마련이다. 누구는 고혈압, 누구는 당뇨병, 또 누구는 중풍치매 등 늙으면서 따라 붙는 질병도 사람마다 가지가지다.

퇴화현상은 자연의 섭리다. 늙어지는 병은 약 먹고 치료해서 나아지는 병이 아니다. 나 역시도 젊었을 때 모르던 허리 통증, 당뇨병, 고혈압 등으로 고생한다. 시력도 급격히 떨어지고, 또 이빨도 수시로 솟아나 흔들리고 아프다. 의사도 나이 들면서 찾아오는 퇴행성 질환이라는 진단이다. 병원에 갈 때마다 심한 고통만 피해가는 임시방편적 치료가 전부다. 이론으로는 전문가를 자칭해도 몸으로는 모르는 게 젊은 의사들이다.

그래도 아프면 병원으로 찾아가는 게 삶의 욕심이다. 늙어지면서도 삶의 애착은 시들지 않는다. 또 엄살도 늘어나고, 자존심도 강해지고, 노여움도 많아진다. 누가 알아주든 말든 과거 전성기 때 생각만 되풀이 한다. 지위권력도 막강했고, 일도 잘했고, 술도 잘 먹고, 돈도 잘 썼다고 큰소리치다가도 건강타령 대목에서는 번번이 은퇴 인생의 탄식을 내뱉는 것이 늙은이들의 속성이다.

나이 들어 사회 일선에서 물러나는 것은 당연하다. 그런데도 자괴감으로 발전해서 끝내 백수타령으로 넘어간다. 직업 없고, 돈벌이 없다는 자조적 심리와 소외감 때문이다. 늙은이들이 어느 직장에서 무슨 일을 해서, 무슨 돈을 벌겠는가. 늙어져서 직업 없고 벌이 없는 것은 흉이 아니고 당연이다. 백수타령은 분수 모르는 넋두리다. 잘나갔던 젊었을 때 노후를 생각지 못했던 부질없는 후회다.

그러나 후회만 할 일이 아니다. 생각해 보면 늙은이들도 돈 버는 방법이 있다. 타령으로 낭비할 시간 있으면 운동하는 것이다. 체력만큼의 걷기운동은 누구나 가능하다. 우선 잡념이 없어지니 정신건강부터 개선된다. 혈액순환이 촉진되어 늙은이들에게 흔한 순환기 계통의 질병이 호전되거나 예방된다. 혈액순환이 잘 되면 신체기능에 도움이 된다.

건강을 지키는 것은 돈벌이다. 병나서 병원에 갖다 바칠 비싼 진료비를 절약할 수 있기 때문이다. 새롭게 벌어들일 생각보다는 가진 돈을 절약하는 것도 버는 것과 마찬가지다. 젊었을 때 깨닫지 못했던 시간을 이젠 건강에 투자해야 된다. 백수타령으로는 대책이 될 수 없다. 늙은이들에겐 건강이 돈이다.

건강을 잃으면 모두를 잃는다고 했다. 내 건강은 내가 지켜야 한다. 피를 나눈 형제나 자식들도, 평생 살을 섞고 산 부부도, 내 건강 내 삶을 대신해 줄 사람은 아무도 없다. 늙어지는 병에는 약이 없다. 할 수 있는 날까지 운동을 해야 한다. 움직이면 살아 있는 것이다.

“게으름 피다가 병원에 실려 가서 비싼 진료비 물을네, 아니면 부지런히 나가 두어 시간씩 운동해서 건강 지키고 병원비 절약할네” 자문자답 하노라면, 누구라도 자리에서 벌떡 일어나게 된다. 운동은 백수들이 돈 버는 방법 중의 하나다.

그렇다고 운동이 젊어지게 하는 것은 아니다. 그러나 분명한 것은 죽을 때까지 병원 출입을 줄일 수 있다. 병원 출입이 줄어들면 자연 진료비 지출도 줄일 수 있는 것 아닌가. 이것이 바로 은퇴 인생들의 돈 벌이 방법이다. (2007. 4.)

네가 올래, 내가 갈까

만나지 못해 안타까운 유행가사 한 구절 같은 간절한 어휘다. 이 도령과 성춘향이 나눈 밀월의 사랑가 한 대목인가? 그리움으로 목마른 내밀한 관계의 절박한 통화내용? 섬뜩하도록 협박적이면서도 끈적이도록 애틋함까지 묻어난다. 아니다. 극단의 감정에서 생사를 초월한 비장한 살기(殺氣)마저 번뜩인다. “네가 올래, 내가 갈까….”

우리말의 어감은 이토록 다양하다. 몇 명일지 알 수 없는 미래작가를 찾기 위한 백일장 행사 끝낸 문협회원들의 소주 집 뒤풀이 풍경이다. 얼큰해진 선배가 먼 자리 후배에게 술잔 권하는 정감어린 흐뭇한 권주(勸酒)방식이다. 네가 내 곁으로 와서 잔을 받을래, 아니면 내가 술잔 들고 네 곁까지 가서 따라줄까?

껄껄대며 소리치면 후배는 얼른 선배 곁으로 다가와서 한 잔

받아 마시고, 또 그 잔 다시 선배에게 돌리고…. 수고했어. 고마워. 정감어린 말 한마디로 안주삼아 마셔댄 그윽한 취흥에 한 잔 주고, 한 잔 받고….

어느 주성(酒聖)의 말이라던가. "일배일배부일배(一杯一杯復一杯)"라―. 술은 권하는 맛으로 마신다고 했다. 누가 억지로 시켜서는 못하는 일이다. 조금은 떠들썩해도 글쟁이들의 술판은 그래서 즐겁고 아름답다. 미래 문학인재를 발굴하고 육성하는 백일장 행사의 의미도 크지만, 그 행사를 주관한 글쟁이들의 보람이야 어찌 취흥으로 과(過)할까―.

'엄 부처' 선생님도 홍취나면 어쩌지 못한다. 빈병에 숟가락 꽂아 대용마이크 입에 대고 자작시 낭송하며 애들의 병정놀이만큼이나 신명난다. 소박하고 순수하다. 평소 다독여 온 생각이 고우니 취흥도 곱다.

주지육림(酒池肉林)에 산해진미(山海珍味)는 어느 놈들의 호사인지 알 까닭도 없다. 작은 새우젓 접시에, 뼈대만 뒹구는 왕족발 접시지만, 진시황도, 솔로몬도 부럽지 않다. 궂은 날씨에도 8백여 명이나 몰려든 문학 지망생들의 열기를 확인한 것만으로도 백일장을 주관한 오늘의 글쟁이들에겐 더 없이 흐뭇한 말(言) 안주다. 네가 올래, 내가 갈까…. 만족감에 들뜬 취홍은 연신 일배일배부일배다.

건물 계단 댓돌 위에, 또는 콘크리트바닥에 자리 가리지 않고 엎드려 주어진 글제에 작문을 고심하는 청소년들의 진지한 모습에서 결코 어둡지 않은 대전문학의 미래를 확인한 것도 행사를 끝낸 뒤풀이 분위기를 돋우는 데 한목 거들었다.

자기만의 생각을 글로써 드러내는 것이 어디 그리 쉬운 일이던가. 어쩌면 생의 주춧돌이 될지도 모르는 경쟁 속에 파고들어 자기의 감정과 의지를 펴내고자 끙끙대는 청소년들의 진솔한 모습에서 소주맛보다도 더 진한 인생의 맛까지 느끼게 했다.

가져보지 못한 것을 가져보고자, 생소한 세계에 자신의 깃발을 세우고자, 가보지 못한 땅, 가보지 못한 길에 뛰어들어 고뇌하는 청소년들의 장한 도전정신을 지켜보며, 아무것도 남기지 못한 채 퇴장의 골목으로 접어드는 내 스스로의 부끄러움도 소주잔을 채웠다.

어느 철학가는 "청소년기는 무한한 가능성의 시기"라고 했다. 장래가 멀기 때문에 기회도 많을 수밖에 없다. 그러나 이 말을 스스로 헤아리고 마음속에 새겨두는 청소년들은 과연 얼마나 될까.

얼큰해진 취흥에도 나를 돌아본다. 공책만 사면 으레 맨 앞장에다 "인내는 쓰다. 그러나 열매는 달다"고 써가지고 다녔던 때가 엊그제 같다. 그러나 그때마다 닥치는 현실에 휘둘리다보니 내 가능성이 무엇인지조차 헤아리지 못하고 오늘에 이르렀다. 그래서인가. 지금껏 달콤한 열매 맛은 기억에 없으니 이 또한 누굴 탓하랴.

풍요롭다지만, 편리하다지만, 요즘 청소년들의 성장환경은 더욱 어려워지고 있다. 저 푸른 5월 하늘아래서 마음껏 뛰어놀고 싶은 마음마저 억제당하고 있으니 말이다. “무한한 미래 가능성의 시기”라는 구실 속에 진학공포, 학업공포, 공교육 사교육에 시달리며 하루에도 몇 번씩 주저앉고 싶은 충동이 청소년들 마음에 덜커덩댈 것이다.

그 틈에서도 문학 백일장까지 도전하고 나서는 청소년들의 용기가 빛난다. 모두 다 껴안아주고 싶다. 브라보다. 몸은 고되고, 잠은 무겁고, 꿈은 많고, 쉽게 이루어지는 것은 없어 휘청댈 때임을 어찌 모르랴. 예민한 감수성에 자칫 자괴감으로 빠져 탈선하고 방황하고, 때로는 해방도 그리울 테지….

그래서 백일장에 참석한 청소년들의 도전정신, 개척정신이 더욱 착하고 장하다. 참석한 것만으로도 모두에게 상장을 주고 싶다. 어느 선생님에게 배웠는지. 훌륭한 교육을 받았다고 어깨를 다독여주고 싶다. 뒤풀이는 뒷얘기도 많다. 감동해서 또 한 잔….

모든 청소년들에게 기원한다. 어느 경우라도 용기를 가져라. 어떤 문장가는 말했다. “지혜로운 이는 독립과 자유를 찾아 코뿔소처럼 앞으로만 간다. 어떤 소리에도 놀라지 않는 사자처럼, 진흙에도 더렵혀지지 않는 연꽃처럼” 청소년들 모두가 새겨야 할 교훈이다.

이게 바로 미래 문학의 지평을 걱정하고 조바심하는 기성문인들의 술 마시는 이유다. 네가 올래, 내가 갈까…. 그래 좋다. 한 순배 더 돌려라. (2009. 5.)

황당荒唐, 몇 번이나 경험했나

얼마 전 휴대폰을 새로 바꾸면서 겪은 일이다. 판매하는 아가씨가 주민등록번호를 묻는다. 앞자리 6개만 생각나고 뒷자리 7개 수는 하얗다. 달달 외우다가도 어느 때 갑자기 백치가 된다. 인감증명 떼러 동사무소 민원창구 앞에 섰다. 할아버지 어디 사느냐고 묻는다. 현대아파트 104동까지는 말했으나 막상 호수를 까먹었다. 일일이 지갑을 꺼내 증명을 대조하고서야 인증이 되니, 인생 기울었음을 스스로 실감케 한다.

내 인생역사 기록을 통째로 압축한 숫자가 바로 주민등록번호 아닌가. 생명과 함께하다, 생명이 떠나면 함께 떠나는 게 주민등록번호가 아니던가. 아파트 주소도 20년째 사는 집이니 죽으면서도 외워댈 만큼 머릿속에 자막과 영상이 모두 박혔다. 그런데도 누가 갑자기 물으면 대답 못할 때가 있다. 묻는 상대가 서로 대면한 처지면 그래도 이해하지만, 먼 거리에서 전화상으로 대답 못하고 우물쭈물하면 오해받기 십상이다.

문제는 망각현상의 횟수가 잦아진다는 것이다. 나이 들면 기력이 짧아져, 기억도 줄어들려니 하지만, 그래도 평생을 함께한 주민등록번호나 살고 있는 집 주소까지 깽개쳐야 하니 서글퍼진다. 집 전화번호나 이메일 주소, 통장번호도 누가 갑자기 물으면 생각이 막힌다. 별로 써먹지 않는 면허증 번호라던가, 옛날 군번, 각종 자격증 번호 같으면 잊어도 크게 흉 될 일은 아니니다.

일상에서 삶을 함께하는 번호들을 수시로 까먹다보니 요즘은 내가 나를 생각하게 된다. 건망증이나, 치매증세가 아니라고 부정할 수가 없다. 어느 날 친구와 함께 병원에 문병을 갔다. 환자의 상태를 몰라 아무것도 사가지 못한 대신, 유용하게 쓰라고 함께 간 친구와 상의해서 작은 봉투를 만들었다. 봉투 상단에 "쾌유를 빈다(祈快癒)"고 쓴 다음 밑에 이름을 써야하는데 함께 간 친구이름이 갑자기 막힌다. 그 자리에서 "야! 자네 이름이 뭐지?" 물을 수도 없는 황당함이란….

친구는 "그럴 때도 있지 뭐…" 이해하는 척 하지만, 속으로는 얼마나 서운했을까. 자기들끼리 따로 모이는 장소에서는 "그 사람 치매증상이 보이더라."며 수근덕댈 것이다. 그런 일이 있은 후부터는 친구들 모인 자리에서 지언가 미언가 한 무슨 일들을 묻고, 말하기도 망설여진다.

가을바람 일던 어느 날 오후다. "아파트 앞에다 차 대고 있으니 빨리 나오라"는 친구의 전화가 왔다. 이유는 묻지 말고 현재복장

상태로 나오면 된다는 호출이다. 혼자서 집 지키며 핑계 없어 못 나가던 차에 호기다 싶어 얼른 나갔다. 붙잡혀간 곳은 근처 전어 횟집…. 집 나간 며느리도 들어온다는 가을 전어 회와 소주 한 잔…, 권 커니 잣거니 시간이 길어진다. 궁금해 할 아내에게 알리기 위해 호주머니 속을 더듬으니 뜻밖에도 TV리모컨이 잡힌다.

핸드폰 대신 리모컨을 들고 나온 망각이다. 망각이 아니라 치매다. 취기에도 친구들이 알아차릴까 민망하고 섬뜩하다. 시치미 떼고 친구 전화 빌려 통화하니, 목통 큰 아내가 산통을 깬다. 거실에서 끄지 않은 TV가 혼자 떠들어대고, 전화기도 울어대는데 무엇에 미쳐 주인은 어데 가고 없느냐고 호들갑이다. 내가 생각해도 황당하다.

또 한 번은 친구 집 결혼식장에 가던 날이다. 아파트 앞에서 택시 타고 나니 운전사가 백미러를 쳐다보며 이상한 눈빛으로 빙긋이 웃는다. 신발장에서 구두 꺼내 신고 나오면서 길쭉한 구두칼을 그대로 들고 택시에 오른 것이다. 자기 아버지도 가끔 그러신단다.

소변보고 바지 앞 자크 그대로 열어놓고 다니기. 어린 아기 쉬-시키면 자신이 오줌 싸기. 남의 아파트에 가서 초인종 눌러대기. 공공장소에서 악수 한 사람 또 악수하기. 슈퍼마켓 계산대에서 거스름돈만 챙기고 지갑은 놔두고 오기. 손에 들고 다니던 물건 차 속에 놓고 내리기 등등이 이젠 남의 얘기만 아니다. 누구도 나는 아니라고 장담할 수 없는 게 늙은이들의 망각이고 치매다.

내 일가 중 사촌제수씨 한 분이 나이에 비해 일찍부터 치매로 고생하는 분이 있다. 먹는 것, 입는 것, 잠자리까지 백치가 됐다. 외모만 사람이지 생각이 없으니 사람이 아니다. 그 분의 가슴에서는 자상스럽던 인정도, 섬세하던 사랑도 하얗게 비웠다. 희망도 보람도 석고처럼 굳었다. 원망도 불평도 모두 놓았다. 과거도 없고, 미래도 없는 현실뿐인 삶마저도 자기 판단이 없다. 분신처럼 누가 따라붙어야 한다.

그런 아내를 관리하느라 애쓰는 사촌동생을 쳐다볼 때마다 안타깝다. 오랫동안의 괴로움으로 관념화 됐는지 불평 한 마디 없이 당연한 숙명으로 여긴다. 치매환자 관리는 천륜의 인성 없이는 아무나 못하는 일이다. 예수가 사랑을 전파하고, 석가가 자비를 포교했지만 내면엔 반드시 인과응보가 전제한다.

이해도 비웠고, 타산도 비웠다. 심상함도 태우고 울적함도 태웠다. 차라리 편안하다. 달관한 사람이다. 황당함을 체험하지 않은 사람은 모른다. 인생나이 70성상을 넘으니 이제야 나도 깨닫게 된다. 살아온 세월이 너무 무거워서인가. 아니면 빼앗긴 세월이 너무 허전함인가. 황당함을 체험하는 횟수가 잦아만 간다.

(2009. 9.)

난성蘭性, 난심蘭心

난초를 보았는가, 아니 난성(蘭性)을 아는가, 호기심 하나 안고 동양란 전시회장으로 향한다. 이른 아침이라 옷깃을 파고드는 바람은 차가워도 3월 초봄의 햇빛은 벌써 화창하다. 제일 먼저 봄을 알린다는 의미로 난초 꽃을 보춘 화(報春花)라 한다. 양지 밝은 골목길 담장 밑에는 노란 꽃 민들레 몇 송이가 나도 보춘 화라 속삭인다.

난초도 옛날 어느 때까지는 민들레처럼 하찮은 잡초에 지나지 않았을 것이다. 그런 잡초 중에서도 유독 난초만은 누구의 눈에 띄었기에 군자반열까지 올랐을까. “향기는 꽃 중에 으뜸인데 잡초 속에 묻혀 아무도 알아주는 이 없구나.”라던 공자(孔子)의 ‘의난조(猗蘭操)’ 한 구절이 떠오른다.

원대한 포부와 사상철학을 만방에 펼치고자 공자는 13년 동안이나 제후열국 70여 곳을 순방했다. 그러나 그를 알아주는 이는 아무도 없었다. 탄식을 하며 그는 다시 고향인 노(魯)나라로 발길을 돌렸다. 비감(悲感) 어린 허탈한 노정(路程)을 누가 알까. 우울한 마음으로 어느 협곡을 지날 무렵 우연히도 코끝을 스치는 독특한 향기에 공자는 걸음을 멈추고 깊은 계곡 험준한 길섶을 유심히 살폈다.

누구도 보아주는 이 없고, 알아주는 이 없는 잡초 속에서 청초한 자태의 난초 한 포기가 피워낸 꽃향기였다. 비록 잡초 속에 묻혔지만 자태가 예사롭지 않은 난향에 그만 취하고 말았다. 공자는 즉석에서 금(琴 : 거문고 비슷한 중국고대악기 일종)을 꺼내 자신의 상심(傷心)을 비유해 노래 한 곡조를 읊었다. 그것이 지금까지도 난초 인들에게 지워지지 않고 있는 '의난조'다. 자신의 심정을 비교해서 난초를 탄식하는 곡이었다.

난초의 고고한 자태, 고결한 향기. 그가 가히 사군자 반열에 오른 것도 공자와의 만남이요, 난향을 가리켜 군자 향이라 이른 것도 이때부터다. 제후열국을 순방하고도 세속의 무지 속에 높은 뜻을 펴지 못한 채 고향으로 다시 돌아오는 공자의 허탈한 심경을 난초만이 알아주었단 말인가.

공자가 세상을 떠난 지 이미 수십 세기가 흘렀다, 그동안 명멸한 역사의 부침은 헤아릴 수 없지만, 그의 사상과 철학은 영원한 등불이듯, 암벽 틈이나 험준한 계곡 속에 자라던 잡초가 사군자 반열에 올랐으니 그 이름 난초가 아니던가. 한 포기 잡초가 공자의 사상을 상징할 만큼 사군자 반열에 오르기까지 얼마나 많은

변화와 시련의 세월을 겪었으랴,

눈빛으로도 볼 수 없는 작은 포자씨앗 한 알이 용케 흙 속에 파고들어 엄동설한, 맹하염천을 견뎌내며 뿌리내리고 싹틔웠으리라. 하여 그 청초함에서 의연한 꽃 대궁 한 줄기를 밀어 올리기까지 그가 견뎌온 세월의 역경과 시련인들 얼마였을까.

인품지고(至高)한 선비들의 시문가곡(詩文歌曲)이나, 예능선객(藝能仙客) 한량들의 심금(心琴)속에 넘나들기는 또한 얼마만큼의 세월이었을까. 때로는 매음(賣淫) 기방(妓房)의 음탕한 장식으로 전락하고, 음흉한 탐관오리(貪官汚吏)의 환심(歡心) 수단으로 이용되기까지 하였으니 그 수모의 길을 전전하기는 또 얼마이던가. 환영(幻影)으로 스치는 무궁(無窮)한 난성(蘭性) 난심(蘭心)은 더욱 궁금하기만 하다.

안내원을 따라 2층 전시장에 올랐다. 이른 아침부터 찾아온 발길은 나뿐이 아니었다. 초청해준 이강천 변호사가 반갑게 맞았다. 대형 전시장엔 금(金) 은(銀) 동(銅)메달을 목에 건 채 전시대에 도열된 수백 개의 분재난들이 꽃 대궁 높여 피워내는 향기가 천궁(天宮)에 이르도록 그윽하다.

단자 엽(單子葉) 식물 중에서도, 난은 가장 진화된 식물군(群)의 하나로 우리나라에는 29속 84종이 자생한다고 한다. 많은 속(屬) 종(種)이 존재하듯, 다양하게 길러낸 대규모 동양란 전시장 구경은 처음이다. 모양으로 처음 보는 것, 향(香)으로 처음 맡는 것,

색(色)으로 처음 보는 것, 청초하고 고결한 난성난심(蘭性蘭心)들이다. 분재마다 붙어있는 소장자들의 명패만으로도 선비답다.

부장검사 출신인 이강천 변호사는 언제부터인가 난 속에 묻혀 난심으로 살고 있다. 오랫동안 범죄인들과 각(角)진 사법(司法)생활로 몸에 밴, 스스로의 냉엄한 성품을 다스리기 위해서였을까, 난성(蘭性)을 벗 삼아 옛 창(唱)의 가락까지 섭렵하고 있다. 스스로가 인성(人性)을 가꾸고 사는, 이 시대 보기드믄 선비율사(律師)임에 누구도 이의를 달지 않는다.

석가는 사물의 실상을 연꽃에 비유하였다. 공자는 성인의 품격을 난성으로 예를 들었다. 난초 꽃은 성인의 품격을 상징하는 꽃이다. 때문에 난을 기르거나, 화폭에 치거나, 또는 문장으로 읊는 것조차도 예(禮)를 부여하고, 란도(蘭道)라 일렀다. 전시회에서 금상을 수상한 난도인(蘭道人)들은 바로 이 시대의 선비가 아니던가.

청초하게 피워낸 푸른 잎 하나하나. 우아하고 고결하게 뻗어올린 꽃대 한 줄기가 뿜어내는 그윽한 향내가 감성까지 자극한다. 어찌 성품인들 바르지 않았을까. 현직 검사시절 죄인들 앞에 엄격하던 그 얼굴이 연상되었다.

예부터 송심(松心) 난성(蘭性)을 일러왔다. 허지만 송심을 제치고 난성이 매(梅), 국(菊), 죽(竹)과 함께 군자반열에 올랐다. 군자(君子)란 학행(學行)과 덕행(德行)이 뛰어난 완전한 인품을 이른다. 군자에 비유될 만큼 난성의 군자다움은 어디에 있는 것일까.

난향은 천리(蘭香千里)에 이른다. 군자의 덕행만큼 향기가 멀리 간다는 뜻이겠다. 난향은 흐트러짐 없는 선(線)으로 전달된다. 다른 꽃들의 향기처럼 넓게 퍼져 사방으로 헤프게 풍기는 것이 아니다. 때문에 선향(線香)이라 표현하기도 한다. 또 난향은 먼 데서나 가까운 곳에서나 향의 농도(濃度)가 똑같기에 군자 향으로 비유된다.

아무리 우거진 잡초 속에 섞였어도 향기만은 감출 수가 없다. 공자가 일러 군자의 품격으로 상징한 것도 난향의 고결함이다. 난은 죽음에 이르도록 추하지 않다. 뿌리가 90% 이상이나 썩어져도 절대로 병색(病色)을 드러내지 않는다. 죽는 날까지 청초한 초록 잎이 담담(淡淡)하기 그지없어, 그 생사(生死)가 가히 군자답다.

범부들의 삶에 어찌 비교될 수 있을까. 흔들림 없는 고매한 자태 또한 군자답다. 잎이나 꽃술 하나도 함부로 흔들어대지 않는다. 마음 조용한 사람만이 바람에 흔들리는 난초 잎을 볼 수 있다고 한다. 쇠처럼 단단한 의리, 난처럼 향기로운 우정을 일러 금란지교(金蘭之交)라 하지 않던가.

이 풍진 세상, 난초만도 못한 사람, 그게 혹여 내 자화상은 아닐까 싶다. (2009. 3.)

10억짜리 분재

네 운명 앞에 서면 내 심사(心思)마저 비틀린다. 생애 전부를 묶이고, 잘리고, 꼬이고, 비틀리고…. 하루한시도 빈틈없는 억제와 속박에서 풀려날 길 없으니 분재(盆栽) 너는 정말로 기구한 운명이다.

넓은 산하(山河) 어디를 택하지 못해서 하필이면 작은 분(盆)에 담겨 예사롭지 않은 인간의 심미(審美)적 안목을 벗어나지 못한 채 허구한 날 맺히고 응어리진 한을 마디마디 품어 똬리 틀고 앉았단 말이냐.

아니다. 속물의 편견만 가지고 내가 너를 잘못 보았다. 네 운명은 아무나 선택될 수 없는 예술의 반열에 올라 고매하다. 철저하게 절제된 극치의 시련으로 다듬어진 표상이기에 더욱 아름답다. 인류에게 자비를 설파한 석가의 정신이 그랬었고, 사랑의 등불이 된 예수의 정신이 그랬을 것이다.

비록 한 주(株)의 나무에 불과하지만 너야말로 우주의 이치를 향한 생명의 해탈이다. 네 앞에 서면 나도 알 수 없는 무량한 외경(畏敬)심으로 흔들린다. 해탈의 자리이기에 너는 시련의 표상이다.

사람들의 성공가치도 시련에 비례한다. 사회질서란 갖가지 규범 속에서 인간의 삶도 분재나 다름없다. 분방하면서도 알고 보면 자유가 없다. 경쟁하고, 도전하고, 잘리고, 비틀리고, 순간도 빈틈 없는 시련이다. 모두를 적응하고 극복하는 슬기로운 삶 속에서 가치를 찾아내는 것이 성공이다.

분재로 선택된 나무인들 무엇이 다를까. 하늘까지 올리고 싶은 수관(樹冠)의 본능도 접고, 사방팔방으로 뻗고 싶은 수세(樹勢)의 욕망도 버려야 하니 말이다. 먹고 싶은 양분도 줄이고, 마시고 싶은 물까지도 억제 당하는 삶이라니…. 정말로 가련하구나. 놀랍구나. 아니, 대단하구나.

하루에도 몇 만 명씩 몰려드는 구경꾼들이 네 앞에 서면 눈길을 떼지 못하는구나. 들어보니 그럴 만도 하다. 비록 노천에 나앉았지만 네 몸 하나 값이 우리 돈으로 무려 10억 원이라니…. 게다가 도난보험, 상해 보험까지 들고 있으며, 이곳까지 이동하는 거마비도 특별했다니 말이다.

향나무, 너는 나무 중에서도 난놈이다. 돈으로써의 가치가 아니다. 그보다도 더 높은 예술의 반열에 올랐으니 성공한 놈이다. 비록 스스로 선택한 것은 아니지만 너는 현명했다. 만물의 영장이라는 사람에게도 "초년고생은 사서라도 하라"는 속담이 있다. 예수는 만백성 사랑을 위해 십자가에 못 박혀 죽음까지도 피하지 않았다. 나무라지만 생명이 있기에 너에게도 무관치 않은 것 같다.

분제는 고난의 상징이다. 나무든 꽃이든 마찬가지다. 분 그릇에 담기면 그날부터 고난이다. 때 없이 잘리고 묶기고 비틀리는 삶 전부가 고난이고 억압이다. 칼과 가위, 톱날이 번득이는 살벌함 속에서 자연의 생명만을 겨우 지키고 산다. 정말로 처연하구나.

향나무야, 너는 정말로 잔인하도록 "나를 죽여 나를 살리는 희생의 예술"이다. 그래서 분재된 네 앞에선 누구나 감동이다. 아버지의 눈을 뜨게 하기 위해 자신의 생명을 남경상인들에게 제물로 바친 심청이의 감동…. 예(藝) 혼(魂)으로 선택된 분재 목(盆栽木)인들 어찌 예외가 되겠는가.

수없이 밀려드는 왁자지껄한 인파, 비릿한 냄새 물씬하게 실어오는 해풍, 듣는 이 없어도 쉼 없이 주절대는 구내방송…. 2009년 5월 6일 안면도 국제 꽃 박람회장 풍경이다. 구경거리라면 머리를 도치삼고 몰려드는 게 너 나없는 호기심인가.

아침 7시부터 출발해서 오전 11시에 도착했다. 떠나는 것만으로도 일행들은 해방감으로 들뜬다. '꽃지' 너른 백사장이 온통 꽃으로 덮였다. 충청남도가 몇 년간 정성 쏟아 만든 세계적인 꽃박람회장이다.

1만2천대를 수용할 수 있다는 주차장부터 대만원이다. 인산인해란 표현이 여기에 적중한다. 언제부터 우리가 이토록 수백 리씩 찾아다니며 꽃을 즐겨 살았던가. 아니다. 있는 자리에서 그냥 철퍼덕 앉아있기에는 불안한 시대다. 지금 우리의 생활환경은 곳곳마다 즐거움 찾아 다양하게 변화하고 있다.

대열의 흐름 따라 차례로 밀려들어간 곳이 분재전시장이다. 개구리 소리가 자지러진다. 으스름달밤 산골 다랑치 논에서나 들어보던 먼 추억이 다가선다. 인공호수주변 노천에 수백 종의 자연예술이 진열됐다.

내로라 하는 수형의 분재들이 전국에서 몰려들었다. 놀랍다. 별다른 세상은 언제나 동경의 대상이고 감동의 대상이라 했던가. 가보지 못한 길, 체험해 보지 못한 사물, 또 소유해 보지 못한 모든 것들이 다 그렇다고 하지만, 어느 것 하나 제쳐놓을 수 없는 아름다움이다.

무디었던 감동이 살아난다. 사람들은 10억 원짜리 향나무 분재 앞에서 사진 찍기 북새통이다. 몇 백 년을 지내온 수령(樹齡)이기에 언뜻 봐도 고목의 태가 무겁다. 얼마나 잘리고, 얼마나 비틀렸으면 봉통아리 진 줄기엔 허연 백골까지 드러냈으니 인고의 세월에 맺힌 예 혼이 더욱 섬뜩하게까지 느껴진다.

남다른 안목으로 네 몸값을 키워낸 주인에게 오늘의 현실을 감사할 것이냐, 아니면 오늘에 이르도록 겪어온 고난의 세월을 저주할 것이냐? 아니다. 운명적으로 반드시 거쳐야 하는 시련이라면,

또 한 피한다 해도 닥쳐야 하는 고난이라면 저항하고 거부한들 무슨 수가 있겠는가. 무언의 질문이고, 무언의 대답이다.

역경은 단련이라던데…, 수용의 폭을 넓혀주는 지혜라던데…. 우주자연이 응축된 네 모습에서 태연자약(泰然自若)한 예술혼이 더욱 빛난다. 극점에 달한 고통을 이겨냄은 어떤 사물에도 감동이 따른다던가. 10억짜리 분재 바로 너다. (2009. 5.)

내 이름은 무추

도대체 너는 누구냐. 어느 곳에서 어느 놈의 씨를 받았더냐. 발칙하구나. 아니 신기하구나. 뿌리는 '무'요 머리는 '배추', 그래서 이름도 '무추'라…. 자람도 우량해서 빠질 데 없고, 모양 또한 어디 내놔도 손색없으니 관람객들 앞에 내건 명패 또한 당당하구나.

안면도 국제 꽃 박람회장이다. 초대형 주차장에서부터 인파에 휩쓸려 꽃구경은 저 참이다. 일행들 꽁무니를 놓치지 않고 따라다니는 일에 신경 쓰다 보니 관람순서를 알리는 안내문은 의미조차 없다.

광선 따라 색깔이 바뀌는 카멜레온 같은 국화에서부터 호박, 가지 등 소채류까지 각양각색의 변종 식물들이 출품되어 곳곳마다 호기심을 잡는다. 그중에서도 단연 유별난 것은 무와 배추가 하나로 합성, 변종된 '무추'다. 뿌리는 다리통 같은 무고, 잎은 포기지게 자란 배추다.

본래의 무 잎이 없어지고, 본래의 배추뿌리가 없어졌다. 전통적으로 이어져 오던 채소농사의 통념을 깬 생소한 변신이 신비하고, 의아하다. 개장 이후 관람객이 연 100만 명을 넘었다니 관심도를 짐작케 한다.

구경꾼들을 비집고 바짝 '무추' 앞에 다가선다. 줄기에는 토마토가 열리고, 뿌리에는 감자가 달리는 '토마토감자' 얘기는 일찍이 들은바 있다. 그러나 '무추', 네놈의 명성은 듣던 중, 보던 중 처음이구나. 무 잎도 말려두고 저려두면 춘궁기에 부족했던 식량이었고, 배추뿌리도 갈무리 했다가 쪄서 먹고 깎아 먹으면 한겨울 군것질 부족했던 어린 것들의 훌륭한 간식이었음을 '무추' 넌들 왜 모르랴.

여름에도 겨울처럼 살려하고, 겨울에도 여름처럼 살려는 게 인간의 욕심이다. 또 남자 같은 여자가 있고, 여자 같은 남자가 있는 게 오늘의 현실이다. 그러니 '무추' 네놈만 몰아세울 일은 아닌 것 같다. 물론 네 뜻과는 무관하게 태어난 것으로 알고 있다만, 그렇더라도 섭리를 어긴 뻔뻔스러움이 조금은 무엄하구나.

그러나 너는 너대로의 생각이 있고, 논리가 있을 테지…. 무밭 배추밭 두 군데로 나누어야 하는 농사터를 하나로 줄이니 그만큼 일손도 덜고, 또 비싼 금싸라기 땅 활용가치도 높일 수 있는 것 아니냐고 항변도 하겠지. 맞다. 네 말도 일리가 있다.

하지만 어떤 악천후, 병충해 억척으로 견뎌내면서도 인간의 김장양식(糧食)으로 천년세월 변함없이 순수(純粹)를 지켜오던 무와 배추가 같은 채소작물끼리 근친상간으로 빚어낸 게 '무추'라면 네 신분이 결코 당당할 수만은 없지 않은가.

편의성만 제일로 생각하는 요즘 세대들에겐 부끄럽고 생소한 '무추' 명함도 선망의 대상일지 모르나, 무 잎 시래기나 배추 뿌리에도 고달픈 향수를 안고 살아온 구세대들에겐 '무추'란 명함이 어쩐지 불륜의 상징 같아 서먹하기만 하구나.

"복제다 배양이다", "첨단기술문명"을 떠드는 게 요즘 인간들의 지혜라지만, 식물의 개체까지 상혼(商魂)으로 조작해내는 교활함에 '무추' 네놈들까지 덩달아 부화뇌동 했으니 조물주의 섭리가 용서할지 모르겠다.

허기야 문명을 앞세운 교활한 인간들의 겁 없는 기술이 조물주의 섭리도 무시하고 복제 동물에 이어 머지않아 복제인간까지도 만들어 내겠다고 소리치고 있으니 '무추' 너쯤의 변심, 변종이야 뭐 그리 대수로울까만….

그래도 그렇지. 무 배추는 쌀, 보리 못지않게 인간의 식량작물로 가장 윗자리를 지켜오던 터에 네가 어느 날 갑자기 '무추' 되어 모양도 형체도 바꾸고 나섰으니, 소중한 것 뺏기고 잃은 것 같아 사뭇 허전하기만 하구나. 이젠 열무김치, 총각김치는 없어지겠구나.

상체는 미모의 여인을 닮고, 하체는 비늘이 번득대는 '인어공주'

는 어디까지나 전설뿐이기에 그렇다 하지만, 지위고하를 막론하고 귀천 없이 식탁에 주종반찬이던 무, 배추김치가 이젠 '무추' 김치로 바뀌게 되니 변화무상한 현실 속에 내가 공존하고 있다는 것 자체가 신비스럽기까지 하다.

오늘은 이대로 돌아간다만 생각할수록 괴상한 네놈의 정체가 궁금하구나. 외모만 변했느냐. 아니면 그 맛도 변했느냐. 변했다면 진정한 네 맛은 무 맛이더냐, 배추 맛이더냐…. 태어난 지 일천해서 너도 대답 못하겠지. 앞으로 지켜볼 일이구나.

무서리 내리던 이슥한 가을밤 생채 담던 어머니가 녹색 빛 연한 대가리 깎아주시던 아삭아삭 무맛은 가난했던 동심을 키워온 순수한 진실의 그 맛이었다. 질푸른 이파리 죽죽 찢어 거친 보리밥 위에 척척 걸쳐먹던 잘 익은 배추김치, 그 맛은 춘궁(春窮)칠궁(七窮)을 겪어온 우리 전통 인고(忍苦)의 문화에서 지울 수 없는 삶의 의미였다.

찬바람 매몰차던 김장 때면 배추 뿌리 큰놈 골라 칼끝으로 닥닥 긁어 뽀얗게 깎아먹던 고소한 맛, 동치미 담고 남은 시래기 한 아름씩 안아다 양지쪽 울타리에 치렁치렁 걸어 말리며 "이것도 식량"이라 하시던 할머님의 손길. '무추' 앞에서 떠오르는 먼 옛날 아스라한 고향 풍경은 나만의 추억일까.

조갯살 듬성하게 넣고 푸짐하게 끓여내던 시래기 된장국에 막걸리 한 대접으로 이웃들까지 잔치를 벌이던 김장철 농촌풍경은 이제 없다. 풍요롭다지만 더욱 각박하고, 편리하다지만 더욱 복잡해진 게 무추시대로 다가온 삶의 풍경이 됐다.

앞으로 무추김치를 먹어야하는 미래 세대들의 인간미는 또 무슨 맛으로 변할까. 유전자 변화작용이 불가피한 무추식단에서 성장하게 될 미래 세대들의 심성변화가 궁금한 것도 나만의 기우일까. 진실과 위선이 무상하게 넘나드는 오늘의 세태이기에 더욱 그렇다. 하기야 농촌 혁명이 무추뿐이던가.

격세지감이 달려든다. 첨단을 달리는 육종기술의 놀라운 현실을 확인하는 순간이다. 어느 수필가는 그의 평론서에서 이미 "미로찾기와 허물벗기"를 논했다. 글쓰기까지도 변화를 촉구한 가르침이다. 내 글도 이젠 시대 따라 '무추'처럼 바뀌어야 하나. (2009. 5.)

잊었는가, 6월의 비극

망종, 단오, 하지가 끼어있어 본격적 여름이 시작되는 달이다. 태양이 정수리에 올라선 낮 시간은 한없이 길고, 자글대듯 쏟아지는 햇살은 온도계 빨간 유리 기둥을 핏발처럼 곧추세우며 지열을 높여댄다.

이때쯤이면 하얗게 풀어헤친 찔레꽃 심술이 가뭄까지 몰고 와서 심통을 부리기 예사였다. 천심을 우러러 갈증을 토해내는 농심들은 양수기 모터소리 자지러드는 개울둑 감나무 그늘에 주저앉아 생명수 같은 소나기 한줄기 내려주길 간절히 기원하던 때다.

열무김치 국물 한 대접에 껍질까지 터지도록 토실하게 삶아낸 하지감자 제 맛을 내고, 풋 강낭콩 듬성하게 버무린 밀개떡 구수한 맛이 멀리 간 사람 더욱 그립게 하는 한낮, 오늘도 봉규 할머니는 60년 전에 얼룩진 6월의 하늘을 우러러 마디진 한숨을 토해

낸다.

어찌 봉규 할머니뿐이랴. 6월은 전란의 상처에 전체 민족의 원한이 사무치는 달이기도 하다. 희뿌연 하늘빛은 건너 산 능선 아래까지 무겁게 내려앉고, 수관을 추켜올려 하늘을 향하던 무성한 초목들까지도 검푸른 색 토해내며 6.25전란의 아픈 역사를 새기는 달이다.

국립묘지 푸른 잔디 벌에 침묵으로 도열해 있는 수천 개의 돌비석들, 저들은 무엇 때문에, 아니! 누구 때문에 말없는 비석 되어 모진풍상 부대끼며 저토록 서있기만 하는 걸까? 정말로 비통하다. 아—아— 잊으랴 어찌 우리 이 날을….

시원한 대청바람에 낮잠 한숨 즐기던 평화롭던 날, 성난 듯 굉음 토하던 비행기들이 농촌하늘까지 바쁘게 날더니 선혈로 물든 민족의 운명은 6.25의 전란역사를 기록하고 말았다. 그날은 벌써 60년을 넘고 있는 과거사가 됐어도 봉규 할머니 가슴 속에는 현실처럼 솟구치는 울분의 역사다. 지울 수 없는 슬픔이다.

한때 목 줄기에 핏발세우며 떠들어대던 '과거사진상규명위원회'도 있었건만, 모두다 정적(政敵)제거용으로 휘두른 좌파정권의 정치적 보복수단 이었을 뿐, 진정 규명했어야 될 6.25전란의 진상은 누가 주범이냐는 규명조차도 외면해 버렸으니 더욱 분통터질 일이다.

봉규 할머니는 20대 초반, 새파란 청춘에 남편을 6.25전장의 총알받이로 빼앗긴 채 갓 태어난 핏덩이 같은 외아들 하나 키우면서 평생을 청상과부로 살아오셨다. 외아들이 자라 낳은 손자가 봉규, 그 놈 하나 자라는 모습에 빼앗긴 인생의 넋두리를 묻으려 해도 언뜻언뜻 스쳐 지나는 남편의 환상…. 어쩌지 못해 차라리 침묵으로 지켜온 인고의 세월….

밤새워 두견이 울어 에는 5월의 끝자락을 마감하자, 그이는 다시 가슴 저미는 6월을 맞는다. 화사하던 봄꽃들 모두 지고 짙은 녹음 무거워질 때면 봉규 할머니의 심정은 남달리 아리고 쓰리다. 건너 산 능선 따라 휘– 휘– 달려오는 무심한 바람이 유난스럽게도 봉규 할머니의 심연을 파고든다.

나는 봉규 할머니가 맞는 애잔한 6월의 의미를 오랜 세월 가깝게 지켜보았다. 그는 해마다 6월만 되면 얼굴색이 창백해진다. 납덩이처럼 무거운 한을 가슴에 안은 채 거의 입을 닫고 어떤 말도 하기 싫어한다. 가슴 속 숱한 원한을 어쩌지 못해 신열이라도 겪는 듯 수척해진다. 누가 무슨 말로 위로한들 서릿발처럼 얼어붙은 원한이 어찌 녹아내릴 것인가.

맺어진 인연이 있어 더욱 슬프고, 끊어진 인연이 있어 더욱 사무쳤으리라. 총알받이로 빼앗긴 남편의 시신조차 마주하지 못한 채, 평생을 함께하자던 백년가약만 가슴에 묻고 살아온 원한인들 오죽이나 복 바치었으랴. 옆에서 바라보기조차 민망스럽다.

벗고나온 껍질을 나무 등걸에 매단 채 몸통까지 들썩대며 서럽게 울어대는 매미들의 길고 긴 가락이 돌아올 수 없는 영혼의 비음처럼 들리던 날, 그 남편은 이름 모를 전장에서 나라 지켜 싸우다 적군의 총알받이 되어 시신도 거둘 수 없는 포연 속에 묻혔다. 얼마 뒤에 배달부에 들려져 온 전사통지서 한 장이 끝이었다.

앉아있는 것만으로도 숨이 찬 듯, 검둥개도 아예 긴 혓바닥 헐떡대며 담장 밑 외진 곳 찾아 몸져눕고, 앞마당 미루나무 꼭대기를 맴돌면서 꺼억 꺼억 짖어대던 까마귀 울음조차 불길하게 들리던 날, 바로 그날이었을 것으로만 짐작되는 남편의 죽음….

세월이 약이던가. 지아비의 영혼이듯, 훈풍 되어 넘나드는 마루 끝에 홀로 앉아 푸른 산 넘어 아득해진 시공을 향해 체념의 한숨만 토해내던 숱한 세월들. 그래서 봉규 할머니의 6월은 운명의 등줄기에 새겨진 화상의 흉터처럼 지울 수 없는 한이 더욱더 진하게 쌓였다.

하염없다. 6월은 또 다시 왔건만 봉규 할머니는 지난 연말 다시 못 올 영면의 길로 드셨다. 기다려도 돌아오지 않는 남편을 찾아 영겁의 세월 속으로 떠났다. 원한도 태우고, 슬픔도 태우고, 가진 시름 모두 다 태우고, 또 태워 하얀 재로 떠났다. 현충일만 되면 어김없이 찾아가던 국립묘지 돌비석아래 남편 곁으로 가셨다.

올해로 6.25전쟁 발발 60년이다. 국립묘지에 침묵으로 도열한 수천의 돌비석들 외침소리가 환청 되어 먹먹하다. 슬프다. 정말로 슬프다. 누구 때문에 죽었나, 누구를 위해 죽었나. 그러나 아직도 6.25의 비극은 끝나지 않았으니 더욱 슬프다. 북한은 지금도 호시탐탐 남침을 꿈꾸고 있다. '적화통일' 망상을 주술처럼 되뇌면서

'전쟁불사'를 외치고 있다. 얼마 전에는 서해상에서 우리 천안함을 폭파시키고 46명 장병들의 목숨까지도 빼앗아갔다. 다시 찾아온 6월의 비극이 더욱 슬픈 이유다. (2010. 6.)

술이 생각나는 한자一字 단어

정초만 되면 곳곳에서 달력선물이 들어온다. 365일 날마다 보내준 사람을 기억하게 하는 선물이 달력이다. 여러 개를 모아놓고 적재적소대로 고르다보면 서재 책상 앞에 걸어야 될 달력을 선택하기 마련이다. 제작한 기업체별, 또는 직장단체별로 달력의 규격, 디자인, 편집성격 등이 다양하다. 경인(庚寅)년도 예외가 아니다.

그 중에서도 술회사인 진로(眞露)에서 만들어 보낸 탁상용 달력이 유별나다. 술(酒) 생각나는 한자(一字)발음의 단어를 모아 12달마다 의미를 달아 편집했다. 차근차근 12장을 차례대로 넘겨보는 것만으로도 술꾼의 감성을 자극한다. 요놈이 바로 내 책상 앞에 놓아야 할 달력이다.

정월엔 '해'다. 새해, 새날을 연상케 한다. "새해의 첫잔에 두근

거리는 시작을 담는다"며 꽤나 문학적이고도 서정적인 해설까지 달아놓았다. 누구라도 새해 첫날은 '시무식'이란 구실로 첫 술을 마시는 관행적 의식을 거친다. '종무식' 망년회에 마시는 술잔의 의미도 크지만, 새해 첫날, 첫잔의 술은 그 의미가 더욱 다르다.

2월엔 '설'이다. '설'은 민족의 명절이다. 설날하면 우선 고향이 연상되고, 헤어져 살던 가족친지들이 떠오른다. 모처럼만에 찾은 고향, 정다운 일가친족들이 오랜만에 모인 회포의 자리에 술 한 잔은 정이고 사랑이다. 주고받는 술잔 속에 덕담이 오고간다. 가파르던 삶 속에서 오랜만에 넉넉해지는 마음이다.

3월은 '봄'이다. 서서히 동장군이 물러나면서 심통을 부리기도 하지만, 그러나 계절의 순리는 어김없이 훈풍을 몰고 온다. 겨우내 움츠렸던 심신에 나른하도록 해방감이 찾아든다. 봄바람이 불면 제일 먼저 소식을 전하고 싶은 사람이 생각난다. 세상은 온통 탄생의 축복으로 가득 찬다. 한 잔술 얼큰한 취흥이 그립다.

4월은 촉촉하게 내리는 보슬 '비'를 연상케 한다. 겨우내 메말랐던 고목에도 새 생명이 피어나는 아름다운 계절이다. 살포시 내리는 4월의 비는 생명의 비다. 3월 지나며 볼록하게 여문 꽃눈마다 4월의 '비'는 아름다운 망울을 터뜨린다. 보슬비 내리는 창가에 앉아 우유 빛 목련꽃 뽀얗게 터뜨리는 4월, 참이슬 한 잔이 그립지 않으랴….

5월의 풍경은 '꽃'이다. 누가 일러 계절의 여왕이라 했던가. "꽃이 피면 뭘 해도 좋지만, 널 만나면 더 좋다." 진로 한잔 생각이

절로난다. 양귀비의 아름다움은 꽃으로 비유되지만, 꽃의 아름다움은 어떤 존재로도 비유될 수 없다. 탄생도 꽃, 죽음도 꽃, 생사를 떠나 꽃은 이 세상 최고의 아름다움이다.

6월의 아름다움은 연둣빛 '풀'섶이다. 아침이슬 영롱한 6월의 초록빛 들판은 평화다. 동트는 아침햇살 보석처럼 깔아놓고 연둣빛 '풀'섶을 걷노라면 아카시아 향내만큼, 산새들 지저귐이 더욱 청아하다. 요염하던 꽃 색 모두 덮어 초록으로 통일된 '풀'섶에 주저앉아 참이슬 한잔으로 심연 속 감성과 어울리면 얼마나 더 환상적일까.

"낯선 사람이라도 당신과 함께라면 낭만이 되는 7월"의 '섬'에 당신은 가보았는가. 멀리 고깃배들 여유로운 수평선 위에 쪼들린 일상 함께 띄우면 당신의 심신에 나른한 안식이 찾아들 것이다. 철썩이는 파도소리, 허공을 맴도는 해조의 가락, 소라 조개들의 속삭임까지 함께 밀려드는 비릿한 해풍의 낭만을 당신은 무엇으로 벗하겠는가. 진로….

시원한 '물'은 8월을 기다린다. "저 깊은 물은 맑기가 한 잔의 소주와도 같구나." 물가를 즐긴 이태백의 시구(詩句)가 아니다. 진로가 8월을 상징해서 만들어낸 "술이 생각나는 한 자"의 단어다. 이글대는 염천 더위에 '물'속으로 텀벙 뛰어드는 쾌감은 상상만으로도 한 잔의 술이다. 물은 모든 생명의 원천이다. 인간의 생성근원도 물에서 비롯된다.

"바람이 스쳐가는 숲 소리에 마음까지 시원하게 씻겨 내린다."

는 9월의 '숲', 처서가 지나는 9월의 숲은 바로 청량(淸凉)의 상징이다. 9월의 숲속 바람은 냉장고 속에 넣어둔 참이슬, 바로 그 맛이다. 땀으로 흥건히 젖은 웃통 풀어헤치고 좋은 친구들 몇 명 어울려 진로 한잔 홀짝대는 9월의 숲속은 상상만으로도 술이 생각난다.

10월은 완연한 가을이다. 단풍내리는 '길'따라 어디론가 정처 없이 떠나고 싶은 우수의 계절이다. 한 시대 가요계를 흔들던 "인생은 나그네 길"이란 유행가가 떠오른다. 그렇다. 삶은 '길'가는 것과 다르지 않다. 나는 지금 어느 길에서 어디쯤 가고 있을까. 술 한 잔이 생각난다. "먼 길을 가기위해서는 좋은 술과 좋은 친구가 필요하다."

"강바람은 차갑지만, 우리의 술자리는 따뜻했다." 11월에 술 생각나는 한 글자 단어는 '강'이다. 11월의 강변 풍경은 을씨년스럽다. 바람소리 휑하니 스치는 갈대밭 서걱대는 서정은 상념이던가. 모두 거두어들인 텅 빈 들녘 한 가운데 길게 누워 무심하게 허공만 스치고 흐르는 '강', 너를 바라보노라면 술 한 잔이 생각나는 것은 나뿐일까….

12월에는 '눈'이다. "첫눈 소식만큼 반가운 것이, 오늘 한 잔 어떠냐는 친구의 전화다." 좋지!…. 아내 눈초리가 곱지 않다. 핑계 없어 못 먹지…. 1년 열두 달 술 먹어야 할 핑계는 계속된다. 술 생각나는 한 글자 속에 왜 '돈'이란 한 글자는 빼놓았을까. 가끔 가다 찾아드는 윤달에는 무슨 핑계로 술 한 잔 먹지? (2010. 1.)

제4장
삶의 계가

해도 얼굴 가린 망년

이름값도 못하는 ×들…, 혈세만 등쳐먹는 ×들…, 저런 ×들을 선량이라 믿고 나라살림 맡겼으니…. 시중잡배만도 못한 ×들…. TV가 무슨 죄인가. 애매한 곳에 대고 들입다 저주, 욕설을 퍼붓다보니 나마저도 실성한 놈 같다.

2008년 12월 마지막 날 아침이다. 차라리 안 보고 안 들어야지…. 부아통 난 심사 한 보따리 싸안고 안면도 해넘이축제나 가보자며 아내를 부추긴다. 수평선 너머로 장엄하게 저무는 망년의 해를 바라보며 잡다한 상념들 모두 털어버릴 심산이었다.

평생 해넘이 여행은 처음이다. 사실은 해넘이도, 해돋이도, 어디서나 볼 수 있는 광경이기에 굳이 바가지상혼 북새통인 관광지로만 찾아가는 것은 사치고, 호들갑이라고 나는 언제나 부정적 입장이었다. 그러나 오늘만은 옹고집도 깨어졌다.

그동안 등짝 휘도록 열심히 물어온 세금을 생각하니 갑자기 열화가 치민다. 왜 나뿐이겠는가. 한해를 마감하는 끝 날까지 신성한 의사당을 점거한 채 싸움질만을 계속하고 있는 국회의원들의 추태를 지켜봐야하는 민초들 마음은 똑같을 것이다.

쇠망치, 전기톱도 부족했나, 오늘은 인간사슬용 밧줄까지 허리에 차고 설쳐대는 화면이 TV 가득하게 쏟아지니…, 염소턱수염에 두루마기 차림의 어떤 사람은 공중부양 묘기까지 연출하니 흡사 괴기영화 찍는 세트장 같다. 어찌 선량들의 행태란 말인가. 비싼 세금 물고 살아온 국민의 입장에선 무슨 욕인들 못하랴? 차라리 치욕이 아닐 수 없다.

내 심사가 궂었는가, 출발부터 험상궂게 찌푸린 날씨에 눈발 섞인 칼바람이 심상치 않다. 마지못해 따라나서는 아내는 팔자에 없는 "망년여행"에 궁시렁댄다. 그래도 볼성 사나운 TV 앞에 앉아 마음 상하고 심사 뒤틀기 보다는 났다며, 아내를 재촉해서 버스에 오른다.

또 한 해의 나이테를 보태자니 차창에 스치는 산천의 경관이 감회를 더한다. TV보고 욕설 퍼부어댄 내 심사를 반성도 해본다. 살다보면 욕하고 화풀이할 일이 어찌 한두 가지던가. 신(神)은 하나를 빼앗아 가면 반드시 하나를 되돌려준다고 했다. 세상사는 보태기도 하고, 또 빼기도 하기 일쑤다. 그래서 행복이나, 평화라는 단어를 형성하며 사는 게 인간사가 아닌가. 어찌 내가 하는 것만 선(善)이고, 남이 하는 것은 모두 악(惡)이란 말인가.

세월도 그냥 흘러가는 게 아니다. 보낸 적 없는데 제멋대로 가고, 주는 척 하다가 빼어가기도 한다. 알고 보면 세상사 모두가 공존공영이다. 서로가 대립관계가 아니라 동반자 관계여야 한다. 하물며 정치야 더 말하여 무엇하랴. 여당이 존재하기에 야당이 필요하고, 또 야당이 존재하기에 여당이 필요하다. 그러나 궁극적으로 야당도, 여당도 나라와 국민이 있기에 존재함을 알아야 된다.

오후 3시 반경에 도착한 안면도 바닷가 풍경은 예상대로 사납다. 산더미 같은 파도가 허연 이빨 무섭게 드러낸 채 기름재앙 1년의 악몽이듯 몸부림치며, 부끄러운 줄도 모르고 찾아온 인간들을 향해 사납게 울어댄다. 우울하고 음산하다.

햇빛도 무거운 구름에 낯을 가린 채 허구한 날 반복하던 석양의식(夕陽儀式)마저도 거절하고 있으니 말이다. 안면도 상징풍경인 할배 바위, 할매 바위마저도 등지고 앉은 뒷모습이 오늘따라 머쓱하다. 일몰의 순간을 영상에 담아가려고 해변에 몰려든 수천 명 관광객들 모두가 실망이다.

대한민국의 추태 실상을 빤히 내려다보는 태양인들 무슨 신명으로 망년을 장식하겠는가. 툭하면 햇볕정책을 입에 담고 사는 것들의 나라꼴이 이 지경이고, 삶에 지친 백성들의 피곤한 몰골이 이 지경일 때, 한해를 접고 넘는 태양인들 무엇이 호사롭고 장렬하겠는가.

배부른 지가 얼마 됐다고 가관들 이구나…, 실망했을 것이다.

사납게 울부짖는 바다인들 어찌 사연이 없겠는가. 난동꾼들의 앞잡이처럼 국회의원들은 조직폭력배가 됐고, 산적한 민생현안들은 갈 길을 잃었으니 나라꼴이 딱했을 것이다. 또 그들을 선량이라 믿고 사는 민초들이 측은하기도 했을 것이다.

또 한 번 서쪽하늘을 우러러본다. 암울하게 덮인 구름에 가리고, 각박하게 몰아치는 세파에 가리고, 삶을 걱정하는 민초들의 한숨 소리에 가렸는가. 무자년 햇빛은 침울하게 떠나버린다. 우울한 시공은 어느새 어둠으로 싸이고, 거친 바다의 울부짖음만 삭이지 못한 원망이듯, 무거워지는 어둠 속에서 포효하고 있다.

허지만 해가 무슨 죄이던가? 365일 하루도 거름 없이, 또 누구도 차등 없이 골고루 비추었다. 음지도 양지 만들고, 양지도 음지 만들면서 국경도 사상도 차별 없이 공평하게 비추었다. 전쟁터에도 햇빛은 비추었고, 헐벗고 굶주림의 현장에도 햇빛은 비추었다. 평화란 이름이 아름답듯, 햇빛이란 이름도 아름다울 뿐이었다.

공평한 햇볕 이름 팔아, 우회전 깜빡이 켜고 좌회전하려던 어느 권력자의 계략이 역겨웠을 뿐이다. 정의를 내세워 부정을 조장하고, 개혁을 내세워 개악을 음모해온 권력집단의 위선도 역겨웠을 것이다. 무자년 마지막 날까지도 제 몸에 밧줄 감고 민생정치를 거부한 정치집단들의 오만한 행패가 역겨웠고, 민주주의를 외치면서도 좌파집단과 내통해온 반민주집단이 역겨웠을 뿐이다.

다행하게도 새해(2009) 첫날, 새로 뜬 햇빛은 화창했다. 얼굴 가린 채 우울하게 하직했던 망년(2008)의 해가 아니었다. 지혜를 지배하는 신의 계시인가. 바다도 제 빛이고, 바람조차도 조용해졌다. 갯마을 안면 꽂지 해변 풍경은 금빛여울 찰랑대는 평화로운 만경창파다.

평화를 원치 않는 사람은 누구도 없다. 통일을 반대할 사람도 없다. 그러나 적화통일만은 아닌 게 민주국가의 정체다. 국회의원은 국민이 선출한 선량이다. 해도 얼굴 가리는 부끄러운 망년은 이제 없어야 한다. (2009. 1.)

누구의 책임인가

살다 보면 남의 일에 휘청거릴 때가 많다. 혼자의 갈등으로 자글대기도 한다. 왜 그러느냐고 자신을 흔들어 다그치기도 해본다. 대답은 없고 차디찬 조소만 넘친다. 가슴이 답답하다. 이래서는 안 되는데….

기축(己丑)년 초부터 사회적 분위기가 물밴 솜덩이처럼 무겁다. 송구영신으로 솟아나는 희망보다는 곳곳에서 무너져 내리는 절망의 소리들뿐이다. 나라 살림에서부터 민생경제에 이르기까지 어느 곳도 우울하기는 마찬가지다. 급기야는 북한의 핵위협으로 국가안보문제까지 기우뚱 댄다.

좌우이념 갈등, 여야대립 갈등, 노사 간 이기주의 갈등, 권력집단 부정비리 창궐…. 국가기강이 해빙기 산사태처럼 무너져 내리고 있다. 다스림 체계가 약화됐으니 사회기강까지 마약중독자처럼 흔들대고 있다. 도대체 법은 어디로 갔고, 통치는 어디로 갔나.

정치집단은 밥 먹고 싸움질이나 일삼는 이리떼들인가.

오히려 범법자들이 당당하다. 선량한 민생들은 믿고 기댈 곳이 없다. 인간사회의 마지막 보루인 윤리도덕의 가치관까지 뿌리째 흔들대고 있다. 급기야는 섭리(攝理)처럼 숭고한 '어머니 사랑'마저 음습한 시궁창으로 짓밟히고 있다. 누구의 책임이고, 어찌된 세태인가. 추악해진 인심처럼 창 밖에 스치는 날씨마저 유난스레 음산한 풍경이다. 거실에서 신문을 뒤적이던 중 육중한 둔기가 정수리를 내리쳤는가, 세상에 이럴 수가…. 맨 정신으로 볼 수 없는 대문짝 같은 신문기사 제목에 눈길이 멈추는 순간이다.

"내 아기 팝니다. 기막힌 모정"이란 시커먼 활자가 천륜을 휩쓸어가는 탁마홍수로 엄습한다. 심호흡을 하고 생각해 본다. 무슨 호기심인지 나도 모르게 반사적으로 팽개쳤던 신문을 또 다시 집어 든다. "20대 미혼모, 생활고 못 이겨 아기 팔려다 검거"란 부제목까지 붙였다. "말이 씨 된다."더니, 어느 종교단체가 떠드는 것처럼 정말로 말세가 오려나.

20대 철없는 미혼모가 나은 지 한 달도 못 되는 핏덩이 같은 어린 아기를 200만 원에 흥정하고 매매하려다 경찰에 검거된 사건이다. "월세방값 준비"가 이유다. 생각 없는 짐승도 독립할 수 있을 때까지는 제 새끼를 보호하기 위해 어미가 생명을 바친다. 하물며 인간이 월세방값을 이유로 제가 낳은 자식을 팔아먹으려 했다면, 이는 분명 이 세상에서 인간의 인연이 없어지는 말세적 현상이 아닌가.

누구의 잘못인가. 누구의 책임인가. 이 세태가 어디로 가는가. 도대체 어쩌자는 것인가. 암담한 현실일 뿐이다. 9명의 아녀자를 연쇄적으로 살해한 끔찍한 사건의 충격이 채 가시기도 전에 또다시 천륜이 무너지는 희대의 인륜파괴사건이다.

나도 30여 년 넘게 기자생활을 하면서 별난 세상사 숱하게 체험했건만, 제가 낳은 자식을 매물(賣物)로 내놓고 흥정하다 검거된 사건기사를 보기는 처음이다. 드디어 인륜이 깨지고 천륜마저 무너졌다고 생각하니 전율까지 스친다. 송아지나 강아지가 매매되는 가축시장처럼 머지않아 아기들이 판매 거래되는 인간시장도 출현하고, 전문 중개사도 출현할 것이란 논리는 지나친 비약일까.

자식이 없어 대를 잇지 못하는 특정인의 안타까운 소원을 들어 일정한 대가를 조건으로 아기를 출산해주는 '자궁임대' 사례는 몇 번 체험한 바 있다. 후손 없어 고민하고 지내던 어느 중견교직자 A씨의 뒷얘기가 새롭게 스친다.

A씨는 출산불능한 부인의 양해와 주변 친지들의 소개로 어느 처녀와 합의 계약결혼을 했다. 가족들이 모두 이민 간 후 혼자 남아 어느 산업체 현장에서 생산직으로 근무하던 노처녀였다. A씨는 얼마 후 새로 맞은 젊은 여인에게서 떡두꺼비 같은 아들 하나를 얻었다. 비록 정도(正道)는 아니지만, 서로가 신뢰하며 이루어진 사실이기에 주변에서도 축하를 받았던 사례다.

기사내용에 따르면 아기를 낳아 팔려고 흥정하던 산모는 중등 교육을 마치고 가출한 21세 처녀다. 이곳저곳을 떠돌다 서울 어느 사회복지시설에서 아비가 누구인지도 알 수 없는 아이를 출산했다. 비록 철딱서니 없는 개인의 사정이기는 하나, 오늘 이 꼴이 되도록 각박해진 세태현실에 시사 하는 바가 크다. 삶의 가치추구를 구호처럼 떠들어대면서도 정작 삶의 가치관이나 윤리 도덕을 가르치는 교육정책, 사회정책을 소홀히 한 정부도 무관치 않다.

옛날 어머니들은 대부분 15~16세에 결혼했다. 어린 나이에도 엄한 부도(婦道) 지켜 무거운 살림 다하고, 아들딸 낳아 훌륭하게 키워내 오늘의 문명국가를 만들어내는 데 초석이 됐고, 촛불이 됐다. 그 힘은 모두 그 시대를 이끈 사회적 윤리와 도덕의 힘이었다. 인고의 세월을 넘긴 어머니의 숭고한 사랑이었다.

우리는 오늘도 "진자리 마른자리 갈아 뉘시던…" 어머니 노래를 부르고 있다. 어머니들은 세상의 모든 고통을 사랑의 힘으로 견뎌냈다. 원망과 외면과 체념도 모두 사랑의 마음으로 다독이면서 실타래 같은 사연들을 가슴에 묻고 살아온 이가 바로 우리들의 어머니다. 무량한 사랑 무엇에 비하랴. 높고 깊은 사랑 무엇에 담으랴. 한없이 고귀한 사랑의 상징은 어머니 사랑뿐이다.

동서고금 인류역사가 그랬다. 부침이 무상한 시공을 넘나들면서도 어머니 사랑만은 변한 적 없다. 때로는 미워하고 아파하다가도 끝내는 용서하고 끌어안는 게 지고지순한 어머니 사랑이다. 그냥 흐르지만 않는 세월도 어머니 사랑만은 어쩌지 못했다. 어머니 사랑은 촛불처럼 나를 태워 밝히는 위대한 사랑이다. 소박할수록 고귀한 사랑이고, 가난할수록 풍요로운 사랑이다. 배움이 없을수록 현명한 사랑이고, 위선으로 덮일수록 진실뿐인 사랑이다. 어둠이 짙을수록 더욱 밝은 사랑이고, 차가울수록 뜨거운 사랑이었다.

존재했었다는 것 자체만으로도 감동을 안기는 어머니는 오직 하나뿐인 사랑이었다. 영원하고 숭고하던 어머니 사랑이 오늘 왜 이토록 처참한 모습이 됐을까. 이 나라 국가기강과 사회질서가 어찌됐기에, 윤리도덕 교육정책이 어찌됐기에, 민생질서나 삶의 가치기준이 어찌됐기에, 섭리 같은 '어머니 사랑'마저 병들어 쓰러져야 한단 말인가….

자기가 낳은 자식을 팔아 월세방값 마련하려던 측은(?)한 모정(母情)의 짐승만도 못한 가치관은 과연 그들만의 책임인가, 아니면 시대적 운명인가. (2009. 2.)

문명시대 사람들

지구는 여전히 자전과 공전을 계속하고 있다. 하루가 24시간도 변함이 없고, 4계절의 순환질서도 그대로다. 자연의 본질과 순리는 이처럼 하나도 변함이 없다. 그런데도 현실 세태는 변화가 바쁘다. 문명이란 이름을 앞세워 의식주환경이 바뀌고, 삶의 가치관까지 바뀌었다. 따라서 생각도 바뀌었고, 행동도 바뀌었다.

휴대전화, 인터넷 등 동서양을 넘나드는 정보통신이 변화를 지배하고, 초고속 교통수단이 변화를 재촉한다. 삶의 방식 거의가 기계화되고, 자동화되고, 전산화 됐다. 버튼 하나로 많은 일들이 해결된다. 때문에 시간도, 노력도 절략되고, 거리도 단축됐다. 놀라운 문명의 혜택이다. 산술적 논리대로라면 인간들의 삶은 온통 편리와 여유뿐이다.

그러나 오늘의 현실은 그게 아니다. 정반대 현상이다. 문명은 결코 혜택만 주는 게 아니다. 해악을 동반한다는 사실도 깨닫게 한다. 신은 하나 주면 반드시 하나를 빼앗아 간다고 했다. 생활이 문명화되면서 우리들 일상은 더욱 각박하고, 초조하고, 불안해지고 있다. 편리와 여유로 즐기기만 하면 되는 세상이 결코 아니다.

현대문명은 시시각각으로 우리를 옥죄고 있다. 서로가 불신, 경계, 갈등, 모함이 거칠어지고 있으니 말이다. 정신적으로 편할 날이 없다. 무엇 때문인가 항상 쫓기며 여유가 없다. 점점 더 해악의 환경으로 휘말려들고 있다. 인간은 문명을 만들고, 문명은 다시 인간을 묶어대는 현상이 반복되고 있다.

때문에 우리는 소중한 것들을 잃고 있다. 친자연적이던 인성(人性)이 건조화 되고 있다. 생각도, 행동도 모두가 기계화되고, 상품화되고 있다. 우리사회에 양심이 없어지고, 윤리도덕이 무너진 것도 같은 맥락이다. 너나없이 과격해지고, 살벌해졌다.

살아남기 위한 심성변화일 수도 있다. 넘쳐나는 정보홍수 속에 시달림을 당하고 있는 게 문명시대 사람들이다. 많은 정보는, 많은 생각을 요구한다. 많은 생각은 고민이고, 고민은 곧 갈등이다. 다정도 병인 것처럼, 많은 정보홍수가 오히려 병이 되고 있다. 수용할 수 없는 정보는 불안과 초조를 자초하고, 불신과 갈등을 초래하기 마련이다.

이웃이 존재하지만 진정한 이웃이 없다. 보고 만나는 사람마다 모두 경쟁자들뿐이다. 문명을 소리치면서도 삶은 불안하고, 초조하고, 바쁘다. 바로 내 경우다. 어느새 입춘이 지나는 것도 몰랐다. 툭하면 남의 감정에 이입되어 붉으락푸르락 하기 일쑤이면서

정작 나를 잊고 산다. 문명의 홍수 속에서 점차로 밀려나는 불안감 때문일 것이다.

오늘은 모처럼 여유로움을 부려본다. 교활한 문명으로부터 해방하기다. 남녘으로 봄맞이 가자는 시인 張덕친 선생 따라 남도미항 통영으로 향한다. "… 남촌서 남풍 불 때 나는 좋데나 … " 흘러간 가수 박재란의 노랫가락이 환청타고 아련하게 밀려든다.

천역 성을 타고난 게 내 팔자던가. 여행은 항상 설렘을 동반한다. 영하10도 안팎을 오르내리던 혹한 끝이라 아직은 겨울 잔영이 고속도로변마다 서성대지만, 차창으로 스치는 햇빛은 이미 봄의 영역임을 예고한다.

누구도 흉내 낼 수 없는 세월의 이치를 체감하며 대진고속도로 3시간을 달려간 일행은 낮 12시에 남도 통영항에 이른다. 옛날 같으면 하루 종일 걸리던 길이다. 이것은 분명한 문명의 혜택이다. 쪽빛 바다 비릿한 해풍이 코끝을 스치니, 철 이른 남녘의 봄 정취가 새롭다.

張 시인의 안내 따라 유람선 선착장 3층 횟집에 든다. 흔한 관광지 상혼이나 얄팍한 기교 없이 수북하게 썰어낸 생선회 한 접시 놓고 남해바다 파란물결 한눈에 들어오는 창가에 앉아 마시는 참이슬 맛은, 그야말로 일상을 탈출한 선경의 진미고, 해방의 호사다.

아직은 수줍은 봉오리로 매단 채 진초록 잎사귀만 번들거리는 동백나무 가로수 따라 통영시 남쪽 해안도로를 달려본다. 섬인가, 육지인가. 끊길 듯 이어지며 굽이도는 쪽빛 바다 풍경만으로도 문명에서의 해방이다. 절묘하게 배치된 리아스식 해안 골골마다 하얗게 뒤덮은 굴 양식장 부표들이 마치 도열한 장병들의 사열식처럼 배치된 질서정연한 경관 또한 통영에서만 볼 수 있는 장관이구나.

해방의 길, 탈출의 길은 외길만이 아니던가. 오전엔 바다에서 오후는 산으로 이어진다. 바다 도시 통영을 뒤로 하고 오후엔 고로쇠나무 군락지인 지리산 계곡으로 고로쇠 물을 마시러 간다. 며칠 전 고로쇠나무 수액 채취가 시작됐다는 TV보도가 호기심을 자극한 것이다.

언제부터인가. 봄만 되면 인간들의 못된 욕심은 고로쇠나무 밑동에 구멍을 뚫고 호수를 연결시켜 수액을 받아먹기 시작한 것이다. 이기주의에 익숙해진 현대문명의 해악이 지리산 골짝 고로쇠나무 군락지까지 찾아든 것이다.

몸에 이롭다는 말에 솔깃해서 고로쇠 물을 사먹으러 지리산 계곡, 함양산골까지 찾아간 내 심보 또한, 잔인하기는 마찬가지다. 주인이 따라주는 대로 한 바가지 욕심껏 마시기는 했으나, 상처난 밑동아리에 줄줄이 고무호스를 매달고 수척하게 서있는 고로쇠나무들을 바라보노라니 민망하기 짝이 없다. 이것이 과연 문명시대를 사는 사람들의 행태인가? 생각할수록 자연에게 부끄럽다.

내 몸속에 피 한 방울이 아까워 여름이면 살충제를 뿌려대며 모기, 벼룩들을 멸종시키는 게 사람들의 심보행태가 아니던가. 겨우내 혹한 속에 견디어온 나무가 새봄 맞아, 새 생명을 피워보겠다고 땅속에서 힘겹게 빨아올리는 수액까지 사람들이 착취해 먹고 있으니, 그것도 문명인가….

그러고도 자연보호, 나무사랑을 외치고 있는 내가 밉다. 문명은 이토록 이기적이고, 잔인하고, 교활한가. 그러나 자연의 본질과 순리는 조금도 변함이 없으니…. (2010. 2.)

담배, 해악뿐인가

담배는 술과 함께 세계인의 기호품이다. 애용상항을 분석하면 술보다 많을 것이다. 흡연, 금연은 누구에게도 정론이 없다. 좋은 사람은 흡연, 싫은 사람은 금연이다. 선과 악이 양면성을 갖고 있는 것처럼 희열의 장소엔 언제나 주빈이다. 문학, 음악, 미술 등 창작예술가들의 손가락 사이엔 거의가 하얀 담배개피들이 동거한다. 동서고금을 막론하고 정신문화를 지배하기는 술에 못지않다.

일상생활에 없어도 무방한 존재지만, 막상 없앨 수 없는 것 또한 담배의 존재다. 서슬 퍼런 금연운동에도 간절한 그 연기, 한 모금의 갈증은 쉽게 끝나지 않는다. 보이진 않아도 어디서 누군가가 뿜어낸 담배연기가 바람 타고 은은하게 날려 오면, 왠지 그 냄새가 훈감 지게 후각을 자극한다.

가을비 추적대는 간이역 승강장 낡은 벤치에 홀로 앉아 담배연기 뽀얗게 내뿜고 있는 텁수룩한 젊은이의 모습은 시대적 우수다. 양 볼이 옴폭 패이도록 쪽— 빨아 하늘로 올리는 하얀 연기 따라 시무룩한 저 마음속엔 무슨 생각이 동행할까. 사랑과 증오를 넘나드는 고민일까, 절망과 희망이 교차하는 다짐일까. 아니면 쫓기고 쫓는 자의 갈등일까. 망연자실 허탈함을 깨무는 인고일까.

담배만이 알고 담배만이 새겨온 담배만의 마력을 그렇게 쉽사리 금연운동이란 이름으로 잘라낼 수 있을까. 술 소비량이 그렇듯, 담배도 시대적 사회적 정서와 동행한다. 삶의 정서가 불안정할 때는 음주인구가 늘어나듯, 흡연인구도 증가하기 마련이다. 속상할 때도 담배 한 개비 태워 물고, 마음 조일 때도 담배 한 개비 태워 물어야 정신적 안정감을 느낄 수 있기 때문일 게다.

언론기관에서 폐암발생률을 보도하면서 한때는 많은 흡연가들이 모두 담배를 끊을 것처럼 추세를 보이기도 했다. 또 외국에서는 대형 담배회사들이 흡연자들로부터 소송을 당하기도 했다. 마치 담배산업이 몰락되는가도 싶었다. 흡연자들은 사무실, 대합실 등 공공장소는 물론 술집에서까지 냉대를 받았다.

그러나 담배는 역사의 뒤안길로 사라지는 것을 거부했다. 몸에 밴 버릇은 흡연가들의 기호를 쉽사리 끊어내지 못했다. 환경단체나 보건단체들이 그토록 금연운동을 떠들어도 흡연인구는 줄지 않는다. 겉으로는 줄어드는 것 같으나, 속으로는 오히려 청소년, 아녀자들까지 흡연인구가 늘어나고 있다는 보도도 나온다. 담배제조회사는 어느 곳도 망하지 않았다는 사실은 무엇을 의미하는가.

담배 역사는 결코 짧지 않다. 일부 문헌기록에 따르면 1492년

콜럼버스가 아메리카 신대륙 발견 당시 원주민 인디오들이 이상한 풀잎을 말려 피우는 것을 보고 전파되기 시작했다는 것이다. 우리나라의 담배역사도 4백여 년을 헤아린다. 실크로드를 통하여 중국으로부터 들어왔다는 설도 있고, 1618년(광해군) 일본에서 들어왔다는 설도 있다.

한번 피우기 시작하면 끊을 수 없는 중독성 때문에 "요사스런 풀(草)"이란 이름으로 지목돼서 일찍부터 관가의 통치영역을 넘나들기도 했다. 유입 초반기 조정에선 금연령도 내려졌으나 양반계급과 고관대작, 부유층들이 앞장서 선호하기 때문에 실효를 거두지 못한 채, 오히려 '담바고 타령' 까지 유행될 정도로 흡연인구는 기하급수적으로 확산됐다는 것이다.

해악만을 주장하는 사회정서 속에서도 담배가 근절되지 못하고 있는 배경은 과연 무엇 때문일까. "손가락 사이에 끼워지는 순간부터 마음이 안온해지고, 빨아들이는 한 모금마다 입안에 도는 하얀 맛과 혀에 닿는 보드라운 감촉이 섹시하고 때로는 철학적"이라는 어느 문장가의 흡연 논은 그 자체가 행복이라고 표현했다.

무아지경으로 몰입할 수 있는 사고도 흡연의 순간이고, 형언할 수없는 희열이 충만해지는 것도 누가 강제할 수 없는 흡연의 순간이라는 것이다. 불안할 때 안정을 주고, 슬플 때 위안을 주는 등, 눈을 감고 빨아들이는 흡연의 음미는 마치 레오나드 코헨의 노래처럼 감미롭게 휘감기는 감성까지 깨닫게 된다는 것이다.

누가 담배를 해악뿐이라고만 단정할 것인가. 밥도 많이 먹으면 해악이 된다. 보약도 지나치면 병원(病原)이 된다. 흉기도 선용하면 이기가 되고, 이기도 악용하면 흉기가 되듯, 무엇이든 지나치면 해악이 되고 문제가 된다. 때문에 담배도 제도나 억압으로 몰아칠 일만은 아닌 성 싶다. 밥이나 고기만으로는 충당할 수 없는 정신건강에 도움이 된다면 무조건 해악으로 매도하는 것, 자체가 해악이 아닐까.

담배는 술이나 커피에만 잘 어울리는 것이 아니다. 순수한 유자향기에도 어울리고, 그윽한 명곡, 격조 높은 음률에도 잘 어울리는 게 담배다. 창작에 몰두하는 작가의 고뇌 속에 감성을 불러오고, 영혼을 불러들이는 것 또한 담배다. 마디 앙상한 손가락 사이에서 하얗게 피어오르는 담배연기가 창작의 감성과 영혼을 불러오는 끈이 된다.

죽은 자의 영혼은 향불로 초대하지만, 산자들의 영혼은 담배연기 따라 감성으로 초대하는 것이다. 심연의 생각들을 퍼 올리는 창작예술의 배경에는 대부분 술과 담배다. 어느 장르든 뛰어난 예술혼은 담배나 술 커피 등의 향정신성 기호품들이 유도한다. 세계적으로 유명한 애연가들의 면면이 그렇다. 담배, 끊을까, 피울까. 각자가 알아서 결정할 일이다. (2008. 2.)

바둑의 계가計家, 삶의 계가

돌도 무심하지만은 않다. 청마(靑馬) 유치환 선생이 노래한 "바위는 의지의 표상으로 나부낀다." 소월(素月) 김정식 선생이 노래한 "모래알은 서정의 은빛으로 반짝댄다." 보는 눈에 마음이 담기면 "무심한 돌"도 "유심한 돌"이 된다. 믿어지지 않거든 바둑돌을 놓아보면 안다. 상대편과 마주앉아 검은 돌과 흰 돌을 하나하나씩 놓아가노라면 돌에도 서로의 마음이 배어있다는 걸 알게 된다.

가까운 우정도 바둑돌만 잡으면 서로의 마음이 갈라진다. 흰 돌, 검은 돌이 바둑판 위에서 치열한 내심의 다툼을 한다. 소리는 작아도 애절한 비명도 있고, 통쾌한 웃음도 흐른다. 음흉한 계략이 흐르고 전광석화 같은 기지가 스친다. 때로는 식사를 거르기도 하고, 밤잠을 설치기도 한다. 어느 문인은 "애첩(愛妾)같다"고도 했다.

말없는 바둑돌의 마음에 쫓고 쫓기며 사람들의 마음이 휘말리기도 하고, 간교한 사람들 마음에 바둑돌이 죽자 살자 미칠 때도 있다. 외모는 동글납작하고 유순한 촉감이지만 내면으로 감춰진 돌의 마음은 생사를 넘나드는 차디찬 이성과 예리한 기지(機智)뿐이다. 흑백 모두가 촌각(寸刻)도 방심할 수 없는 비상이다. 때로는 승자의 무서운 조소(嘲笑)가 흐르고, 침통한 패자의 번민과 고뇌가 역역하다.

얼핏 보면 일없는 한량들의 소일놀이이거나, 선비들의 교우지정(交友之情)같지만 361점마다 희비감정이 촌각을 다투어 교차하는 바둑판 집(家)싸움은 어찌 범인세속들의 일상에서 오가는 말(言)싸움에 비길 것인가. 두는 사람도, 보는 사람도 돌의 비정한 마음에 긴장하고 흥분하기 십상이다. 그래서 바둑판의 돌싸움은 훈수꾼들까지도 치열한 전장이 된다.

선비들은 바둑을 일러 수담(手談)이라 했다. 그러나 나는 돌의 전쟁(投石戰)이라 표현하고 싶다. 울적하면 울적한 대로, 즐거우면 즐거운 대로 바둑돌은 사람들의 노리개판에 끌려나와 죄 없이 죽고 살기를 거듭한다. 흰 돌은 흰 돌대로, 검은 돌은 검은 돌대로 화합할 수 없는 자존심이 상존한다.

돌인들 교활한 사람들의 마음에 이용당하고 있음을 왜 모를까. 친교를 위장한 죽고 죽임의 대리전, 겉으로는 마주앉아 정담을 주고받으면서도 내면으로는 서로가 죽고 죽이기를 반복하고 있는 게 바둑판 앞에 앉은 두 사람들의 잔인한 현실 행태가 아니던가.

구도(求道)의 길, 두뇌 스포츠, 마음 훈련, 예술의 경지까지 끌어올리는 등 바둑예찬의 논리도 많다. 그러나 구도의 길도 아니고, 예술의 경지는 더욱 아니다. 바둑돌을 이용한 음흉한 인간들의 계략전쟁이라고 보고 싶다. 고수(高手)는 고수대로, 약수(弱手)는 약수대로 탐욕과 계략으로 넘나든 음흉한 마음들이 작은 바둑돌을 통해서 숨김없이 드러난다.

손으로 가려본들 부질없는 짓이고, 바둑판을 흩어본들 고약한 마음들은 이미 바둑돌에 새겨졌다. 돌은 절대로 거짓이 없다. 돌에다 새겨진 마음은 지워질 수가 없다. 돌은 말이 없는 대신 심오한 마음을 갖고 있다. 바둑돌은 인생 삶의 철학을 담고 있다.

바둑돌 한 점 놓지 못하면서 바둑의 철학을 말하는 것은 주제넘지만, 나는 더러 친구 사무실에 나가 옆에서 바둑 두는 모습을 구경 하노라면 작은 생각 하나 깨닫는 게 있다. “남의 돌 잡을 생각보다 내 돌부터 살려라”, 또는 “아무도 나를 따를 사람이 없다고 오만 떠는 자는 패한다”는 교훈이다. 바둑판 위에서 죄 없이 죽고 사는 검은 돌, 흰 돌이 시사(示唆)하는 경종이고 철학이다.

바둑의 판세는 집으로 따진다. 전문용어처럼 계가(計家)로 통한다. 국회 청문회에서까지 아파트를 몇 채나 가지고 있느냐를 따지는 오늘의 세태논리에 별로 어긋나지 않는다. 결국은 바둑전장에서 최후의 심판이자 심오한 돌의 마음을 깨닫는 것은 삶의 계가다.

바둑돌은 한번 놓으면 무를 수 없다. 일수무퇴(一手無退)는 정직한 돌의 마음이다. 결심을 흔드는 것은 변덕이다. 변덕스러움은 대장부(大丈夫)의 도리가 아니니다. 일단 한번 판에 놓여진 돌은 객관의 대상이다. 아무리 내 돌이지만 한번 놓으면 내 마음대로 움직여서는 안 된다. 당연한 기사(棋士)의 도리고, 또 선비의 도리다.

어찌 바둑의 도리뿐이겠는가. 인생 삶도 마찬가지다. 한번 지나간 시간은 단 일초도 되돌릴 수 없다. 때문에 수시로 삶의 계가를 해 봐야 한다. 하루 살고도 계가해보고, 한 달 살고도 계가해보고, 일 년을 살고도 계가를 해 봐야 한다. 쉼 없는 계가는 쉼 없는 점검이고, 확인이며 깨달음이다. 확인하고 깨닫고 반성하는 것은 삶의 지혜다.

삶의 구비마다 냉철한 계가의 시간을 가져야 한다. 바둑을 다시 놓아보는 복기(復碁)처럼 지나온 삶의 발자국을 되돌아보는 것도 미래를 위한 계가다. 내 목숨이 다해 남들이 마지막을 계가해줄 때는 이미 늦었다. 물론 삶의 계가는 남겨놓은 재물의 손익계산일 수는 없다. 삶이 끝난 뒤, 그 누가 저승에 돈을 많이 가지고 갔다고 평가 할 것인가.

삼국지의 영웅 제갈공명도 한평생 벌었던 유산으로 메마른 밭뙈기에 뽕나무 8백주뿐 이었다는 기록은 계가의 진정성을 가르친다. 그러나 제갈공명의 삶을 메마른 밭뙈기에 뽕나무 8백 주뿐으로 평가(계가)하는 사람은 아무도 없다. 비록 촉한(蜀漢)은 망했을지언정 '적벽 대전'에서 동남풍을 일으켜 대승을 거두고, 또 의

(義)를 바로 세우고자 했던 그의 집념은 위대한 불계승(不計勝)이 아니었던가.

바둑에서 배우는 계가의 진정을 깨달으면 돌도 무심치만은 않다. 바둑돌이 가르치는 삶의 계가 …. (2008. 11.)

경인년庚寅年이 다가선다

"계란이 먼저냐, 닭이 먼저냐"란 고사가 있다. "먹기 위해 사는 것이냐, 살기 위해 먹는 것이냐"는 속설도 다를 바 없다. 누가 감히 "이것이다"라고 선뜻 대답할 수 있을까? 가장 평범하고 단순논리 같으면서도 사실은 부처님 화두만큼이나 난해하니, 깨우침 부족한 범부들에겐 한낱 농담일 뿐이다.

그러나 먹는 것은 곧 삶이요, 삶은 곧 먹는 것이란 등식은 누구도 부정할 수 없다. 삶이 이상이라면, 먹는 것은 곧 현실이다. 그러나 먹는 것과 사는 것은 절대로 분리될 수 없는 하나다. 누구도 설명할 수 없는 조물주의 섭리이고, 신의 산술영역이다.

계란과 닭의 관계 역시도 각각이면서 하나고, 또 하나이면서도 각각의 관계다. 먹기 위해 살고, 살기 위해 먹는 인간 존재의 이치 또한 같다. 어느 것도 앞서고 뒤선 선후가 없다. 닭이 있어 계란이 있고, 계란이 있어 닭이 있을 뿐이다. 아니, 살아있기에 먹어야 하고, 먹기 때문에 생명도 존재한다.

나는 언젠가부터 나만의 화두 하나 끌어안고 산다. 세월은 왜 "흐른다"하고, 나이는 왜 "먹는다"고 하는가. 세월도 나이도 원칙적으로는 동질(同質)의 개념이다. 세월이 곧 나이고, 나이가 곧 세월이다. 나이가 1살이면 세월도 1년이다. 그런데도 세월은 "흐르는 것"이고 나이는 "먹는 것"이라고 한다. 관념의 차이인가, 논리의 차이인가….

흐르는 것은 연속을 뜻하고, 먹는 것은 단절을 뜻함인가. 생각해보면 세월의 흐름은 무한성을 강조한 것이지만, 먹어야하는 나이는 제한된 삶의 유한성을 내포한다. 누구나 어머니 뱃속에서 태어날 때는 1살이다. 알 수는 없지만 사람마다 살아야 할 나이는 태어날 때 짊어지고 나온다.

먹으면 먹을수록, 먹는 만큼 죽음의 문턱으로 다가서는 게 유한성의 나이 먹기다. 어머니 뱃속에서 태어날 때 운명처럼 짊어지고 나온 나이를 곶감 빼먹듯 하다가 어느 세월 더 먹을 나이가 없을 때는 죽음으로 끝나는 것이 인생의 운명이 아니던가.

벌써 또 한해의 세월이 흘렀다. 좋든 싫든 또 한 살의 나이를 먹어야 한다. 새해(庚寅年) 달력을 다시 걸면서 지난해(己丑年) 달력을 내리자니 흘러간 세월, 먹어치운 나이가 아리하게 스친다. 이 세상에 태어나서 내가 흘러 보낸 세월이 어느덧 70여 년이듯, 내가 먹어치운 나이도 70여년이다.

내가 태어날 때 신으로부터 받아온 내 몫의 나이가 몇 살인지는 알 수 없으나, 더 이상 흘러 보내야 할 세월도, 더 이상 먹어야 할 나이도 이젠 거의 다 됐다고 생각된다. 고달프고 힘들어도 세월은 흘러 보내야 했고, 속이 쓰리고 아파도 나이는 먹어야 했다. 흐르는 것 잡을 수도 없는 게 세월이듯, 사양하고 기부해도 안 먹을 수 없는 것 또한 나이였다.

하루도 건너뜀 없고, 하루도 잊은 적 없이 열심히 먹었다. 누구에게 빼앗긴 적도 없고, 남의 것 채뜨려 먹은 적도 없다. 내 세월 내가 흘러 보냈고, 내 나이 내가 먹었다. 그런데도 내가 살아온 세월 같지 않고, 내가 먹은 나이 같지 않다.

청춘을 돌려다오/ 젊음을 돌려다오…. 부질없지만 가슴 파고드는 노래가 됐다. 흘러 보냈기에 세월의 흔적은 하나도 보이지 않고, 먹어치운 나이 흔적만 백발 되어 촛불 닳듯 자지러든다. 방안에 앉았어도 창문 흔들고 지나는 바람 소리가 더욱 시리게 느껴짐은 단순한 세월 탓일까. 아니면 맛도 모르고 먹어치운 나이 탓일까.

죄인가…, 벌인가…. 흘러 보낸 세월의 구비마다, 먹어치운 나이의 고개마다 시련과 고통, 절망과 좌절인들 왜 없었으랴. 넘나든 영욕은 얼마이고, 부침의 여정은 얼마였던가. 그동안 아버지도 떠나셨고, 어머니도 떠나셨다. 이젠 내가 떠나야 할 차례다. 어느새 고향도 멀어졌고, 친구들도 하나 둘씩 속절없이 떠난다.

먹을수록 허전해지는 게 나이다. 은퇴란 멍에 하나 짊어지고 인생 대열에서도 이미 뒷전으로 밀려났다. 은퇴란 단어의 의미는 퇴직과도 다르다. 가족들의 관심에서조차 멀어지는 소외지대 이방인과 다르지 않다.

나도 젊었을 때가 있었다. 사랑도 있었고, 욕망도 있었고, 패기도 있었다. 치열하게 살았지만, 흐르는 세월 막지 못했고, 먹어야 하는 나이는 거부하지 못했다. 부딪히고 넘어져 상처 난 흔적도, 지워질 수 없는 정한의 흔적도 모두 흐르는 세월 속에 묻혔고, 먹어치운 나이가 삼켜버렸다.

먹는 것을 식사라고 하듯, 나이도 먹으니 인생의 식사다. 밥은 하루 세끼씩 때 찾아 먹지만, 나이는 잠시도 쉼 없이 먹었다. 어쩌다 끼니는 굶을 수 있어도 나이는 거름 없이 먹었다. 살아있는 사람들은 누구나 먹어야 하는 필연의 식사가 나이 아니던가.

산다는 것은 세월 보내기고, 또 나이 먹기다. 달고 쓴맛 알지도 못한 채 열심히 먹어치운 나이는 촌각도 빠짐없이 무상한 세월 되어 흘렀다. 때로는 명치끝 쓰리게 하는 나이도 먹어야했고, 활명수처럼 게트림 쏟아내는 시원한 나이도 먹었다. 땡감처럼 떫은 나이도 먹어치웠고, 소태처럼 쓰디쓴 나이도 먹어치웠다.

사람들은 가끔 "몇 살 먹었느냐"고 물어본다. 대답하기 허전하다. 차라리 "흘러 보낸 세월이 얼마냐"고 묻는 게 편하다. 먹은 나이 산술하다 보면 인생은 누구나 허전해진다. 넘어온 고갯길, 건너온 바닷길이 아련하다. 허덕대고 살아온 날들이 꿈만 같다. 또 한해의 세월 경인년이 다가선다. (2009. 12.)

그들만의 시제時祭

옛부터 음력 10월은 상달이라고 했다. 그래서인가, 10월만 되면 어느 가문이던 선조들의 묘소를 찾아가 시제를 올리는 게 주요행사다. 삼강오륜을 중시해 온 전통유교사상의 핵심예절이다.

우리 집안도 예외가 아니다. 매년 음력 10월 첫 주 토요일을 택해 충남 태안군 원북면 청산리 청산 원(青山苑)에 모셔진 70위 조상님들께 시제를 올린다. 전국 각처에 흩어져 사는 일가들이 이날만은 빠짐없이 모인다. 본래 어른들은 음력 10월 보름날을 시제일로 전승해 왔으나, 생업환경이 다양해진 후손들의 형편 따라 2003년부터 시제 날을 변경했다.

그러다 보니 제사풍속도 자연히 바뀌었다. 유교형식이 생소한 후손들의 현실성 논리에 밀려, 유세차(惟歲次)로 이어지던 축문도, 세월은 어느덧 우리말로 바뀌었고, 제수품 준비나 제례형식도 간소화 됐다. 유택에 계신 조상님들 영혼께선 영문도 모르고 덩둘

해 하실 일이다.

제사도 중요하지만, 1년에 한번만이라도 핏줄을 함께한 일가들이 모여 같은 선조의 자손임을 확인하는 의미가 강조된 것이 시제다. 출생지와 성장배경, 생업환경까지 서로 다르다 보니 요즘엔 일가들이 한 자리에 모이는 기회도 좀처럼 쉽지 않다. 더구나 조상님들의 얼굴이나 이력이 생소한 후손들일수록 시제 참여조차 부담스럽게 생각한다.

제례가 끝나면 늦가을 햇빛 곱게 내린 제단 앞에 제사음식 펼쳐놓고 참석자들 모두 모여앉아 옛날얘기, 현실얘기 속절없이 나누노라면 제주(祭酒)에 얼큰해진 일부에선 벌써 떠들썩해져, 모처럼 만의 일가 단합대회까지 자연스럽게 진행된다. 미리 준비해간 유인물을 나눠주며 후손들에겐 핏줄과 뿌리의식을 가르쳐주기도 한다.

비석 되어 말은 없으시지만 할아버지, 할머니들께서도 함께 기뻐하실 일이다. 삶의 세월을 멀리하고 지금은 유택에 안거하실지라도 하루 한 날도 거르심 없이 오늘의 후손들을 위해 번창과 영광을 기원하셨으리라….

오늘이 있기까지 우리는 과연 누구의 자손인가. 어느 핏줄 받아 어디서 태어났나. 가깝게는 아버지 어머니지만 그 근원을 찾아 올라가면 이곳 청산원(青山苑) 유택에 안거하고 계신 할아버지 할머니들의 핏줄로 이어진 자손들이 아니던가.

멋대로 묘지 산자락 경계를 침범해 경작하고 있어, 정(情)은 소원해졌지만, 옛 부터 제단 근처에 자리 잡고 사는 젊은 조(趙)씨도 부르고, 해마다 제수음식을 준비해주는 양정모(梁正模)씨 부부도 불러내어 덕담 주고받으며 제주 한 잔씩 나누노라면, 우리는 마치 멀리 살고 계신 할아버지 할머니 댁에 놀라온 손자들 심정이 된다.

아직도 시제의 명맥은 곳곳에서 유지되고 있다. 그러나 전통적인 제례절차나, 조상에 대한 후손들의 인식은 점차 엷아지고 있다. 엄격했던 유교적 고집이 무너지고 모든 의식절차가 실용주의를 닮아가는 것이다. 지나치게 편의적이다. 고향 없는 세대들의 등장인가, 뿌리의식이 희박해진 세태의 무례인가. 태어난 곳과 자란 곳이 다르거나, 고향 떠난 2세들이 주종을 이루기 때문이다.

우리들의 고향은 분명 서산(瑞山)이다. 관향(貫鄉)이 서산이기에 우리들은 서산 류씨의 후손들이다. 우리들만큼 완벽하게 서산에 뿌리역사를 가진 씨족도 없다. 고향에 대한 애정과 각인된 정감은 운명적이다. 변하려 해도 변할 수가 없다.

그러나 어린 시절에 아빠 엄마 손에 끌려 고향을 떠나 사는 자식들은 고향에 대한 정감이 엷아지고 있다. 내 아들, 손자들도 마찬가지다. 세태가 거의 그렇기에 선조들의 얼을 모시는 시제개념도 희박해지고 있다.

누대로 조상이 살았다는 무성한 얘기만 어렴풋할 뿐이다. 낯익은 얼굴 하나도 없는 곳이기에, 옛날 선조들이 사시던 고향이고, 유택이라고 설명해도 그저 무덤덤한 표정이다. 지금의 세대들이 갖는 고향개념은 시제가 재생시키는 옛날의 이미지가 아니다. 자신의 탄생기록과 성장한 추억이 조상의 생활사 한 부분으로 편입된 작은 개념일 뿐이다. 그것은 여전히 미개했던 구시대적이거나 끈끈한 혈연을 보물처럼 간직하고 있는 오지 산간촌락, 낙후시대에서나 어울리는 영상일 뿐이다.

정부통계에 따르면 1960년대부터 농촌인구 절반이 고향을 떠났고, 때문에 고향에 대한 개념이 거의 퇴색됐다. 그래도 다행인 것은 명절 때가 되면 잊지 않고 도시 젊은이들 대부분이 귀향길에 오른다. 교통지옥에 갇혀 지루한 고통을 치르더라도 기어이 고향길을 찾는 것을 보면 기특한 현상이다.

부모가 살았던 집터에서 성장의 추억을 들쳐보고, 덤불이 어우러진 산기슭에 패이고 주저앉은 조상의 무덤을 둘러보는 무언의 관습 속에는 그래도 자신의 뿌리기원을 확인하고 싶은 고향본능이 숨겨져 있음을 안다.

시제는 고향의식과 조상숭배의식을 재생산하는 중요한 제례의식이다. 나이든 세대들이 모든 것은 다 양보해도 시제만큼은 고집하고 있는 것은 혈연과 지연이 중첩된 뿌리의 향수를 후손들에게 물려주기 위함이다.

그런데도 후손들은 시큰둥하다. 조상과의 친족적 혈연관계가 식어지고 있다는 증거다. 자신의 삶과 고향을 연결하는 어떤 인연도 부여하지 않는 세대들이 늘어나고 있기 때문이다. 지금의 젊은 세대들은 대부분 도시에서, 또는 병원에서 출생했다. 더욱이 형제나 남매개념을 알지 못하는 외동자녀들이 주류를 이루는 가족환경에서 고향의 의미나 뿌리의 의미는 소홀해질 수밖에 없다.

상달의 시제행사도 언제까지 이어질지 불확실하다. 그들만의 시제, 그들은 과연 누구들의 자손인가. (2009. 11.)

내 고향은 서산

나이가 들수록 추억은 젊어지는 모양이다. 오랜 세월의 등을 넘어 뿌옇게 빛바랜 사연들이건만 추억은 언제나 맑게 솟아난다. 그래서 어느 문호(文豪)는 추억을 가리켜 "삶을 썩지 않게 하는 소금"이라고 했던가.

이토록 추억은 잊혀질 수 없는 옛 시간의 간절한 언어다. 아름다운 문장과 아름다운 시가(詩歌) 치고 추억의 사연과 연관되지 않은 게 별로 없다. 가장 순수하고 아름다운 추억은 역시 어릴 적 고향 추억이다.

내 고향은 瑞山이다. 죽어서도 묻힐 곳이다. 어릴 때만해도 내 고향 서산은 말 느리기로 유명한 강촌의 대명사였다. 생활문화가 그랬었다. 땀띠 극성 때문에 짧은 밤잠 설치고 나면 다음날 아침밥도 거른 채 10리길 학교로 달려야 하던 여름날 추억이 떠오른다.

밤잠 설친 날의 아침 보리밥은 왜 그리도 뜨거웠던지, 한 두 수저 뜨다만 채 책보 들쳐 메고 달려 나가는 어린 것 등 뒤에서 어머니 가슴은 번번이 안타까움으로 조여들었다. 오후에 학교 끝나고 집에 오면 허기가 밀려온다. 파리 떼 새까맣게 덮인 시렁에서 거친 보리밥 한 덩이 바가지 냉수에 말아 마시듯, 퍼먹고 나면 어린 몸에도 노곤함이 천근이나 졸음 되어 밀려들었다.

집 모퉁이 감나무 가지에다 나지막하게 들인 평상에 올라 억척으로 울어대던 매미들의 합창소리 자장가 삼아 늘어지게 자고 깨면 어느새 소 풀 뜯기러 나가야 할 시간이다. 소 풀 뜯기는 것은 농사에 바쁘신 아버지가 나에게 몫 지워준 여름날 일과였다. 나뿐이 아니고 이웃집 친구들도 모두 그랬다.

날마다 햇살 설핏해지는 여름날 오후시간이면 대절(竹寺)밑 벌판은 풀 뜯기러 나온 동네 소들의 품평회장이었고, 짓궂은 개구쟁이들의 천국이었다. 애들끼리 신이 나서 소싸움도 시켜보고, 수소 암소 엉겨 붙어 부끄럼 모르고 짝짓기 하는 모습을 호기심 꼴깍대며 지켜보기도 했다.

땅값이 금값 되면서 지금은 대절 밑 풀밭도 없어졌고 소 풀 뜯기던 개구쟁이들의 왁자지껄 하던 풍경도 없어졌지만, 여름만 되면 내 추억은 아직도 그 곳에 가서 서성이곤 한다. 인생에 있어 고향이란 도대체 무엇인가. 희미한 환영(幻影)인가, 아니면 땀 냄새 끈적대는 8월의 밤을 잊고 앉아 이 글을 써야하는 나만의 연민인가.

내가 고향을 떠나온 지도 벌써 60년을 헤아린다. 가난에 쫓겨 생애구책을 찾다보니 정착한 곳이 바로 지금의 대전(大田)이다. 각박함이 칼날 같은 타향객지에서 열심히 뛰어봤지만, 아무것도 얻은 것 없이, 어느덧 석양의 길목에서 빛바랜 추억만 부둥켜 안고 있다.

고향은 마음에 안식처다. 안온함이며, 넉넉함이다. 언제나 사랑이 있고, 용서가 있으며, 그리움이 서린 곳이다. 도시의 하늘 넘어 고향이 있다는 생각만으로도 가슴이 포근해진다.

계룡산 넘어 금강굽이를 지나, 유구 차동고개를 넘고, 덕산 재빼기에 올라서면 낯익은 시야가 활짝 열린다. 이곳이 바로 내 고향 서산이다. 굳이 풍수지리학자의 이름을 빌리지 않더라도 안기면 스르르 잠이 올 듯 평온한 곳,

천수만 대호지 가로막아 넓은 들판 기름지고, 해산물 서식하는 질편한 갯벌이 풍요롭다. 화려함 없는 외모이듯, 깍쟁이도 없었고, 모난데 없는 인심엔 야박함도 없었다. 흡사 버섯 등처럼 둥글넓적한 초가지붕들이 다소곳이 엎드려 도란대던 곳, 감자녹말에 풋 강낭콩 듬성하게 버무린 개떡한쪽도 빠질세라 이웃 간에 서로 나누던 곱디고운 인정의 고향이 바로 서산이었다.

껍질째 갈아 만든 거친 밀개떡 몇 쪽, 게 춤에 차고 새벽길 헤치며 뱅기리나, 동막 바닷가로 달려가면 파래 김, 재 나물, 빨이 고동, 능정 게, 황발 게, 바지락조개가 지천으로 널려있던 바다의 풍요…, 이런 것들이 모두 여름철 서산의 풍광이었으며, 반백년

타향살이에서도 잊어본 적 없는 내 고향의 추억이다.

노란 꽃잎 머리에 이고 있는 천사의 그림처럼 초가집 울타리마다 호박꽃들 듬성하게 피어나고, 작은 바람에도 눈부시게 뿌려대던 8월 햇살에 마당가 미루나무 키다리 가지마다 매달리듯, 떼지어 날이든 끼치소리기 인천으로 돈벌이 갔던 삼촌 소식 기다리게 하던 유년시절의 고향 추억….

밤이면 밀집방석 마당에 깔고 누워, 불 지핀 보리꺼럭 무더기 위에 소 꼴 한 아름 덮어서 피워 낸 연기로 물 컷들 쫓아가며 아스라이 올려다 보이는 은하수 너머까지 어린 꿈 띄어보던 곳.

병모가지에 새끼줄 길게 묶어 뜰 안 샘물 속에 담가두었다가 꺼낸 막걸리 한 대접 들이켜시며 된장 찍은 풋고추 안주에도 백만장자 부럽잖게 즐거워하시던 아버지의 영혼이 계신 곳, 가난 속에 살아도 가진 자 넘보지 않고 미워하지 않으며 오로지 부도(婦道)지켜 사셨던 어머님의 영혼이 계신 곳, 그곳이 바로 내 고향 서산이다.

여명의 안개 뽀얗게 흐르고 있는 이른 새벽, 삐그덕대는 대문소리에 선잠 깨 일어나면 아버지는 벌써 소 꼴 베러 들판에 나가셨고, 어머니는 밭에 나가 이슬 젖은 치마폭에 애호박 풋고추 한 아름 따들여 콩밭매기 품앗이 일꾼들의 쉴 참 먹이 준비로 바쁘셨다.

마지에선 송아지가 방울소리 달랑대며 산골동네가 메아리치도록 엄매소리 외쳐대고, 새벽부터 동네방네 한 바퀴 쏘아댄 검둥개가 흙투성이 꼬리를 살랑대며 아직도 잠 덜 깬 내 앞에 쪼그리고 앉아 빨간 혓바닥 날름 댈 때면, 어느새 태양은 동구봉산 능선 위에 불쑥 솟아 이글대는 8월의 하루를 열고 나섰다.

어찌 나만의 추억이겠는가. 같은 시대에 태어나 비슷한 환경 속에서 성장했던 세대들에겐 거의 비슷한 정서일 것이다. 그 옛날 추억 찾아 귀향을 꿈꿔보지만 이젠 늦었다. 모두가 변해 고향은 이제 타향이 됐다. 내 고향은 서산, 변했기에 더욱 소중한 추억인가. (2010. 7.)

한가위 유감

심술 같은 폭우피해로 추석명절을 난리 통에 보낸 서울 사람들의 안타까운 모습을 알리던 어제 밤 TV화면을 떠올리며 오늘도 여전히 새벽4시에 집을 나선다. 하느님도 심술궂다. 왜 하필이면 귀향의 꿈으로 둥실 떴던 추석전날 1천만 명이 운집해 사는 수도 서울에 '물 폭탄'을 퍼부었을까.

섭리마저 초월하려는 인간들의 욕심경쟁에 경종을 울리는 신의 저주일까. 아니면 주술처럼 전쟁협박을 뱉어대는 북괴집단의 '불바다' 위협에 대비하기 부족한 도시정책에 간접적 경고일까….

호남선 철길 따라 조성된 이면도로는 매일 새벽, 내 걷기운동 코스다. 더러는 으슥한 곳도 있지만, 차량통행이 적고, 건널목이 없어 도심 속에서 이만한 걷기운동 코스도 드물다. 만리장천에 환영 같은 달빛이 청아한 새벽길은 호젓하다.

저토록 아름다운 달빛을 가슴속에 숨겨놓고, 하느님은 무엇을 시험하려고 하필이면 명절날을 골라 수도 서울에 물 폭탄을 쏟아 내렸을까. 현대장비로 무장된 기상대 예보능력까지도 무색케 한 자연의 섭리….

어디서, 누가 감히 문명을 떠들고 첨단과학을 논한단 말인가. 엉클어진 환상(幻想) 추스르면서 다시 한 번 하늘을 우러러 본다. 역시 조물주만의 조화다. "더도 말고 덜도 말고 한가위만 같아라." 추석뒷날인 열엿새 새벽달빛은 곱다 못해 창백하다.

어젯밤 비추지 못한 아쉬움일까. 너무나 요염하기에 차디찬 애상(哀想)마저 흐른다. 혼자보기에는 정말로 아깝다. 풀잎 끝에 이슬도 영그는 초가을 새벽달빛…, 시간의 흐름을 멈춰 세우고, 밝아지는 여명을 잡아매어, 저 달빛을 그대로 걸어두고 싶다.

"달아달아 밝은 달아 이태백이 노든 달아…," 시선(詩仙) 이태백이 호수 속으로 뛰어든 충동심리가 가히 짐작 간다. 달빛은 밝으면 밝을수록, 또 보면 볼수록 우수가 묻어나고 심금에 여운을 뿌린다.

고요가 감도는 산촌마을의 달빛추억이 50여 년 전 아련해진 정경을 몰고 온다. 그때 그 여인도 이젠 늙었겠지…, 추석 뒷날, 초가을 새벽달빛 교교한 정경이 심연 속에 숨겨두었던 감성까지도 흔들어댄다.

눈썹 같은 초승달로 태어나 세상 모두 비추는 둥근달이 됐을 때 태양처럼 영원히 지킬 수 없는 자신의 한계를 깨닫는가. 어느 누가 "달도 차면 기운다."고 했나. 취흥(醉興), 시흥(詩興)으로 명멸한 동서고금 문장가들이 노래한 달빛무상이다.

가라는 곳 없고, 오라는 곳도 없지만 달은 무상하다. 보름날이 지나면 어김없이 제 몸을 깎아 반달, 쪽 달을 만드는 게 섭리다. 풍만한 채움의 만족에서 자만하지 않고, 비우고 깎아내는 부활의 지혜를 스스로 실천한다. 그믐밤의 암흑을 향해 비움으로 비껴서는 새벽달이 애달픈 이유다.

차면 기우는 게 어찌 달뿐일까. 봄도 차면 여름 되고, 가을도 차면 겨울 되고…. 사물의 존재이치 또한 다르지 않다. 바위도 세월이 차면 흙으로 부서진다. 무쇠도 세월차면 녹이 슬어 땅속으로 스며든다.

하물며 인생의 존재이치야 무엇이 다르랴. 저토록 아름다운 초가을 새벽달빛 내 생애에 몇 번이나 더 볼 수 있을까. 다시 본다한들 그때 그 달빛은 이미 오늘의 달빛이 아닐 것이다. 지나친 세월만큼 변하는 것 또한 인간의 감성이 아니던가.

귀향길, 귀성길 수없이 오르고 내리는 철마들의 굉음마저도 지쳐 잠든 미명이다. 비 내린 뒷날 축축해진 도심의 새벽길은 무겁도록 적막하다. 철로변 풀섶에서 울어대는 미물들의 애절한 가락만 청명한 달빛 더욱 창백해지도록 새벽이슬을 엮어낸다.

버려도 괜찮을 공상에 추억의 환영까지 무겁게 걸머지고 한참을 걷다보니 어느덧 유등천 물소리가 반환점을 알린다. 회기점까지 왔으니 이제 오던 길로 돌아가라 한다. 더하면 탈이 되는 욕심도 버리고, 지나치면 병이 되는 미련도 버리고 반환점에서 돌아가는 게 순리란다.

시작과 끝, 채우고 비움은 곧 사물의 존재순리인 걸…. 초승과 보름, 그리고 그 끝에는 그믐이 분명한 달빛 같으라고 이른다. 순리는 어길 수 없다. 열심히 채우고, 또 처절하게 비우고, 다시 그믐밤으로 드는 달빛의 윤회….

간조(干潮)를 만들고 만조(滿潮)를 만들며 바다를 지배한다지만 달은 어쩔 수 없는 밤의 존재다. 어떤 이유로든 햇빛을 이기지는 못한다. 걸음을 멈추고 중천에 달빛을 다시 올려다본다. 머지않아 동틀 여명의 순간 앞에 빛을 잃어가는 달의 모습은 더욱 처연하다. 어느 날 집을 잃고 낮달로 방황할 때면 "해님이 쓰다버린 하얀 쪽박" 신세가 아니던가.

오늘의 내 모습을 생각해본다. 초승달 같은 어린 시절도 있었고, 보름달 같은 청춘기도 있었다. 욕망도 이상도 청춘기는 인생 최고의 정점(頂點)이다. 그러나 그 정점은 순간이다. 어느 날 나도 모르게 지나쳤다. 내 것이면서도 내 것일 수 없는 게 세월이다. 내 것임을 깨닫는 순간, 그 순간은 이미 내 것이 아니다. 하얀빛으로 퇴색된 과거….

과거는 누구도 되돌릴 수 없다. 명현석학도, 권세부귀도, 절세의 미모도 과거는 역사일 뿐이다. 초승달이 보름달 되고, 보름달이 다시 그믐밤이 되는 순리…. 내 인생도 그믐밤으로 달리고 있다. 청명한 초가을 새벽달빛이 더욱 애잔해지는 이유다. (2010. 9.)

이제 물은 물이 아니다

커피 한잔 들고 거실 TV앞에 다가앉는다. 때마침 아나운서가 에너지절약을 충고한다. 안 그래도 천정부지로 뛰는 기름값 때문에 각종 생활물가 부담이 무거워지는 판이다. 국민혈세 낭비하는 정치집단의 난동행태가 더 밉다. 산더미 같은 국정 나 몰라라 팽개치고 시위대에 앞장서 사회혼란이나 부추기는 일부 야당 국회의원들의 무책임한 행동을 생각하면 내가 왜 세금을 내야 하는지 부아통이 치민다.

곳곳에서 민심 흔들리는 소리가 요란하다. 〈촛불 문화제〉란 생소한 미명아래 법이 흔들리고, 원칙이 짓밟히고, 통치기강까지 무너지고 있으니 등뼈 휘도록 세금만 내고 있는 민심도 흔들릴 수 밖에 없다. 나라꼴이 이 모양 되니, 북한 측이 관광객을 살해하고, 일본 측이 독도침략을 획책하고 있지 않은가. 일제 식민치하에서 해방운동을 하느라 목숨 바친 애국선열들, 6.25남침 때 나라

지키다 공산군들의 포화에 산화한 호국영령들에게 죄스럽다.

수입에 의존할 수밖에 없는 에너지 문제는 이미 70년대부터 예고된 상황이었다. 그런데도 정치집단은 날마다 집권욕심에만 혈안되어 파당정쟁만 일삼다가 오늘의 유류값 파동까지 이른 것 아닌가. 거기다 퍼다 주고, 빼돌리고 적화통일을 찬양하는 좌파세력들까지 양성화시켜 놓았으니 나라꼴이 가관일 수밖에….

그동안 기름을 "물 쓰듯" 방치한 게 가장 큰 정책 잘못이다. 한 방울도 생산하지 못하면서 기름 없는 세상을 대비하지 않았다. 모든 문명의 에너지가 기름에 의존하고 있으면서도 국정을 책임지는 정치권이나, 정부정책은 "만약의 사태"를 염두에 두지 않았던 결과다. 민생과 국가의 미래를 생각하는 정치기능이 우측 깜빡이 켜고 좌측으로만 달렸다는 증거다.

산유국들의 상혼은 잔인하다. 기름 떨어지면 꼼짝없이 암흑세계가 될 소비 국가들의 급박한 사정을 최대한 이용하고 있다. 오랫동안 단골로 거래해온 상도나 의리는 우리만의 생각이다. 그 것도 모르고 우리는 미래 생각 없이 기름을 "물 쓰듯" 했다.

우리에게 물은 통념상 아까운 존재가 아니었다. 아예 가치에 의미를 두지 않았다. 우리는 언제나 물 인심이 넉넉했었다. 목마른 나그네에게 대가없이 물 한바가지 듬뿍 퍼주는 게 낯선 사람들끼리도 덕목이었다. 이해타산이 각박하지 않던 태평성대 이야기다.

그러나 이젠 물이 기름보다 더 소중해지고 있다. 이미 현실화된 물 값은 동네 구멍가게에서도 증거한다. 이쯤 되면 "물이 곧 기름"으로 변신할 날도 머지않을 것이다. 생각해보면 조물주의 특혜다. 예부터 우리나라는 금수강산이라고 일렀다. 풀 한 포기, 물 한 방울 없는 사막을 영토로 차지하고 있는 나라에 비하면 얼마나 다행인가.

풍경이 메마른 중동국가들에게 유전(油田)자원이 있다면, 우리나라 금수강산엔 물자원이 있다. 우리 지혜가 뭉친다면 에너지자원을 물로 대체할 수도 있을 것이다. 정치도, 정부도, 국민도 모두가 하나로 뭉쳐 지혜를 모을 때 산유국들의 잔인한 기름 값 인상횡포도 막을 수 있고, 오만한 상혼도 납작하게 뭉개댈 수도 있을 것이다.

헐벗고 굶주려온 환경 속에서도 우리는 "하면된다"는 신념 하나로 뭉쳐 오늘을 이룩해온 지혜가 있지 않은가. 산유국들의 기름 매장량은 한계가 있다. 뽑아내면 뽑아낸 만큼 부존자원은 줄어든다. 그러나 우리의 금수강산은 가꾸면 가꿀수록 더욱 아름다워지는 영원의 자원이다. 삶이 문명화 될수록 금수강산의 부가가치는 더욱 높아질 수박에 없다.

기름을 바꿔 쓰기 위해서도 우리는 이제부터 물 산업 육성책이 시급하다. 금수강산 보호 사업이 국가경영정책의 최우선이어야 한다. 맑은 물, 푸른 산을 지켜내고, 지하수를 과학적으로 관리해서, 산유국들이 기름의 가치를 이용하듯, 우리는 맑은 물의 가치를 최대한 이용해야 한다.

따지고 보면 물은 기름보다도 더 소중한 자원이다. 극한적인 경우 기름은 잠시 없어도 살지만, 물 없이는 잠시도 생명이 견디어 낼 수 없다. 사람의 체내에 수분함량이 평균 70%이상이다. 그 중 1~2%만 떨어져도 심한 갈증을 느끼게 되고, 5%정도가 부족하면 거의 혼수상태에 빠지게 되며, 12%정도가 부족하면 생명을 잃는다고 문헌은 기록하고 있다.

어찌 사람뿐이겠는가. 모든 생명의 존재는 물에서 시작됐다. 식물도, 동물도 마찬가지다. 생명의 역사는 물이다. 고대 인류역사의 발상지는 모두 물이 흐르는 강변이다. 농업도 공업도 모든 산업의 필수적 에너지도 물이 우선이다.

우리는 금수강산의 천혜적 자원을 너무 소홀하게 생각하고 있다. 개발을 빙자하고 산업을 빙자하면서 자연경관을 마구 파헤치고, 맑은 물을 겁 없이 오염시키고 있다. 치산치수(治山治水)란 옛 말이 있다. 산을 가꾸고 물을 가꾸는 것이 국가경영의 우선임을 예고한 선인들의 지혜다.

물은 원래 귀한 존재다. 옛날에는 아낙들이 샘에서 물 길어오는 것을 남정네들이 논밭에서 곡식 거두어들이는 것 못지않게 여기는 중요한 일거리였다. 동네 소문이 모두 우물가로 모이던 시절, 부엌 항아리에 물이 가득하면 어머니들은 괜히 만족해 하셨다.

요즘은 아무 곳에나 구멍을 뚫어 지하수를 뽑아낸다. 지하수란 과연 어떤 물인가. 수백, 수천년 전에 내렸던 빗물이 숱한 세월 깊은 땅 속까지 스며들어 조상대대의 영혼과 함께 녹아있는 물이 아니던가. 그런 물을 아무 생각 없이 뽑아내며 풍요를 외쳐댄다. 얼마나 무엄한 일인가.

전문가들에 따르면 우리나라 온천수 매장량이 줄어든다고 한다. 지하수인들 한량없이 솟아나겠는가. 세계의 전문가들은 우리나라도 머지않아 물 부족국가로 지목하고 있다. 오싹할 얘기다. 기름 없는 나라에 물까지 부족하다면 어쩔 것인가. 이제 물은 물이 아니다. 생명이고 돈이다. (2010. 9.)

공상 같은 현실

관념을 뛰어넘는 현실 앞에서는 말문이 막힌다. 나는 오늘 공상 같은 현실을 체험했다. 평생처음 '원자(原子)'라는 놈과의 현장 만남이다. 어깨위에 힘 역(力)자(字)까지 달고 나타나 원자력(原子力)이란 이름으로 새 시대를 열겠다고 의기도 양양하구나.

기피의 대상으로만 상징되던 공포의 존재가 마침내 평화와 행복의 메신저로 변신하고 나선 것이다. 일본 히로시마에 떨어져 엄청난 살생무기로 오명을 남긴 원자폭탄이 60여년만의 개과천선이다. 그동안 과학자들의 처절한 연구과정을 거쳐, '원자'가 드디어 구제중생(救濟衆生)의 사명자로 변신하고 나타났으니, 어찌 놀라고 감탄할 일이 아니던가.

그것도 공해오염 속에 찌들어가는 우리들 세상에 번영과 행복의 에너지가 될 것을 자청하고 등장 했으니 말이다. 지구도 살리고, 경제도 살리고, 우리나라를 삶의 낙원으로 만들겠다는 다짐도

당차구나. 공해오염의 주범인 화석연료시대를 마감하고, 깨끗한 수소연료시대를 만들어 후손들에게 아름다운 세상을 물려주겠다니 놀랍다.

고맙다 '원자'야, 눈물이 난다. 네놈이 대오각성하고 인간 세상에 효자가 될 줄은…. 모든 존재를 구성하는 물질 속에 숨어있는 우주탄생의 기초섭리이기에 그 이름도 '원자'가 아니던가. 눈으로는 확인할 수 없는 작은 알갱이들…. 하지만 그 실체 속에 숨겨진 신비의 위력은 가히 우주를 지배하고도 남음이 있다니, 원자(原子)야! 네 이름 위에 힘을 상징하는 역(力)자(字)가 붙은 것은 너무 당연하다. 고맙다. 참말로 고맙다. 너는 이제 새로 열리는 르네상스 시대, 첨단문명의 원조(元祖)다.

원자력을 세상에 내세운 것은 과학자들의 노고다. 피 말리는 연구 집념이 있었기에 악의 축으로만 연상되던 원자력이 세상의 하모니를 주도하는 아름답고 행복한 에너지로 재탄생된 것 아닌가. 이제 원자력은 저탄소 녹색성장을 이끌어가는 선진한국의 동력이 됐다.

2010년 2월말 한국원자력연구원에 초청을 받았다. 대전 유성구 덕진동이라는 외진 산골에 위치해 있다. 이방인처럼 먼 발취에서 조금은 조심스럽고 생소한 느낌으로 항상 호기심만 부풀렸던 곳이다. 지난 2009연말, 아랍에미리트에 원전기술 수출 성공으로 석양에 지가를 높였고, 단번에 47조원의 국익을 창출해낸 곳이 아닌가. 형이하학적 에너지시대를 마감하고, 형이상학적 에너지시대를 개척하는 메이커다.

공상 같은 현실이 만들어지는 곳, 2천여 명의 고급두뇌집단이 일하고 있다. 박사급 연구원 1천명, 전문엔지니어 1천여 명으로 구성됐다. 24시간을 교대근무하고 있는 실험용 원자로 근무자들이 모두 작업복차림의 두뇌석학들이다. 이곳에서 생성되는 연구결과물들은 곧바로 국가와 국민에게 행복을 가져다준다. 원자력은 이제 상상의 물질이 아니다. 시대가 요구하는 가장 청정하고 안전한 실용에너지다.

산업용 전기뿐만 아니다. 우리들 일상생활 거의가 원자력의 범주에서 벗어날 수 없는 세상이 되고 있다. 우리는 이미 생각했던 것보다 다양한 원자력 혜택 속에서 생활하고 있다. 우주개발, 해양개발 등의 첨단기술 분야는 물론, 방사선이란 또 다른 이름의 원자력은 의료계에서 떼어낼 수 없는 절대적 인술이 됐다. 질병을 진단하고 암을 정복하고 약제를 만드는 기술로 이용된 지는 이미 오래다. 또 공해조사, 유해물질 분해, 범죄수사, 고미술품 조사감정분야를 비롯해 생필품 제조기술 거의가 원자력 응용기술이 적용되지 않는 곳이 없다.

마법의 돌연변이 작용을 이용한 원자력은 인간생활에 팔방미인이 됐다. 가축동물도, 농작물씨앗도, 각가지 화훼품종도, 방사선응용기술에 의해 우수품종으로 개량되고 있으며. 심지어는 식초, 치약을 만들고, 타이어제조까지도 원자력을 응용한 기술들이 광범위하게 활용되고 있다. 최근엔 당뇨, 고혈압, 비만 등의 성인병환자들이 사용할 수 있고, 또 환자식, 이유식, 유아분유 등의 원료로 활용할 수 있는 기능성 특수품종의 쌀도 원자력기술로 개발되고 있다니 놀랍다.

원자력은 이제 더 이상 공포의 대상이 아니다. 모든 사물의 이치가 그렇듯, 원자력도 어디에다 어떻게 쓰느냐에 따라 행복과 불행의 양면성을 갖는다. 날카로운 칼날도 인술에 사용하면 이기가 되고, 폭력에 사용하면 흉기가 되는 것이나 다를 바 없다. 물도 뱀이 먹으면 독이 되고, 사람이 먹으면 피가 되는 이치와 같다.

한국의 과학자들…. 공상 같은 현실을 일궈낸 주역들, 멈추고 쓰러지는 처절한 고난의 길을 반복하면서도, 집념과 노력으로 원자력의 기술역사 위상을 세계에 빛냈다. 원자력의 평화로운 변신을 유도해낸 과학자들에게 경의를 보낸다. 황금메달을 주고 또 준들 어찌 그 보답에 이르겠는가. 70년대 이후 강대국들의 전략적인 통제압력은 얼마였고, 국내 정치권력의 홀대와 핍박은 얼마였으며, 편협한 일부 환경단체나 인권단체들로부터의 매질과 수모는 또 얼마였든가.

'원자력', 너는 이 나라에 호적을 건지가 불과 반세기의 일천한 역사지만 좋은 과학자들 만나서 그 이름도 당당한 세계적 첨단과학기술의 상징이 되었구나. 이제 악의 축이란 불명예도 벗었고, 살생무기란 공포 대상도 아니다. 평화와 행복을 추구하는 세기적 선망의 이름이다. 청정시대를 개척한 원자력에너지 기술이야말로 대한민국 최고의 국력이다. 한국원자력연구원은 대한민국의 국격(國格)을 세운 주체다. 공상 같은 현실을 만들어내고 있는 한국원자력연구원 파이팅―. 뜨거운 박수를 보낸다. (2010. 3.)

목화 열매 추억

단골식당 계산대 앞에 분재된 목화(木花)나무 1주가 놓였다. 계절 없이 흔해진 난초나, 제철만난 국화 분재한 두 개쯤이면 어울릴 자리에 생뚱맞은 목화분재가 차지한 걸 보면, 목화에 대한 주인의 남다른 사연이 있을 것 같다. 산촌 뙈기밭에 심어졌어야 할 목화가 늦가을 도심 속 식당에 놓였으니, 마치 낯선 땅에 찾아든 나그네처럼 서먹하고 생소하다.

11월 이때쯤이면 산골 뙈기밭에서 진갈색 껍질을 벌려 하얀 솜꽃 소복소복 피워냈어야 할 목화다. 시대가 변했나, 팔자가 트였나, 아니면 기구한 운명인가. 따뜻한 실내온도 때문에 열매만 몇 개 매어단 채 아직도 잎이 청청하다.

동물이고, 식물이고 품종의 귀천(貴賤)따라 어울리는 자리와 때가 있게 마련이다. 목화가 도심 속 식당에 앉아 관상용 화초로 대우받을 만큼 위상이 높아진 것은 분명 아니다. 한 세태가 휩쓸고 간 흔적이듯, 고향에서 밀려나 도시 뒷골목에서 웃음 파는 시골처녀의 가련한 사정이나 다를 바 없을 것이다.

식량작물 못지않게 목화도 한때는 농촌에서 애지중지 가꾸던 소중한 작물이었다. 변천하는 시대환경 때문에 천덕꾸러기로 밀려나 이젠 낯선 땅, 도심번화가 식당영업장까지 나앉아, 취흥 게슴츠레한 뭇사람들의 입길에 오르내리는 추억의 애기 감으로 전락되고 있는 시대의 풍경이다.

오염에 혼탁한 매연공해환경, 태우고 끓이고 굽는 찌든 악취, 갈등분열로 살벌해진 인심 등…, 제철도 잊은 채 낯선 객지환경에 적응하느라 견디어낸 시련고통은 얼마였을까. 맑고 고운 옛 고향 산천환경이 얼마나 그리울까. 비록 산골 뙈기밭이지만 그토록 소중하게 여기며 가꾸고 북돋아주던 할머니, 할아버지의 옛정인들 어찌 잊을 수가 있을까. 줄기나 잎, 열매까지도 옛 모양 그대로 간직하고 있는 네 모습을 보니, 오매불망 옛 고향으로 돌아가고 싶은 간절함을 보는 것 같아 감회가 더욱 무량하구나.

"우리 처음 만난 곳도 목화 밭이라네/ 우리 처음 사랑한 곳도 목화 밭이라네/ 그 옛날 목화 밭/ 잠시라도 잊지 못할 곳 목화 밭/ 목화 밭…" 이제 가사마저 가물가물해진 옛날의 목화밭 노래를 흥얼대본다. 가난에 쫓겨 고향을 떠나왔던 50여 년 전 내 인생여정이 주마등처럼 스친다.

내 고향은 서산이다. 군에서 제대한 20대 나이에 직장을 잡아온 것이 지금의 대전이다. 삯 월세, 전세를 전전하며 무려 11번이나 이사를 다니며 오늘에 이르기까지 50여 년, 이젠 대전사람 구실을 하기까지 그 숱한 세월, 그동안 몸 고생 마음고생은 얼마였던가. 아버지가 찾아오셔서 흐린 눈빛으로 하늘만 쳐다보고 가신 적도 몇 번….

“타향살이 몇 해던가/ 손꼽아 헤이보니/ 고향 떠나 수십 년에 청춘만 늙고…” 옛 노래 타향살이는 가수 고복수의 노래가 아니다. 소주 한 잔 얼큰한 날에는 내가 부른 노래다. 고향 떠나온 고통은 식물인들 무엇이 다를까. 농촌에도 이젠 목화 재배하는 농민들이 없다. 목화가 농촌에서 버림받고 도시로 밀려났다. 멸종을 면하기 위해서는 사람들 많이 사는 도시 관상용 화초신세인들 어쩌겠는가.

목화의 옛 고향은 고온다습한 열대지방이다. 열대지방에서의 목화는 다년생 나무였다. 본의 아니게 본적을 일탈해 온대지방으로 들어오면서부터 한해살이풀로 신세가 전락됐다. 목화(木花)는 면화(棉花)가 됐다. 일찍이 생태가 바뀌는 시련을 겪었다. 역사기록상 목화가 한국에 들어온 지는 고려 말 공민왕 때다. 원나라에 사신으로 갔던 문익점이 붓 뚜껑 속에 종자를 숨겨 온 것이 한반도에 들어온 이민역사다.

타향살이 어언 650년이다. 목화가 한국 땅에 첫 뿌리를 내릴 때는 극진한 대우를 받았다. 그동안 목화는 우리민족과 애환을 함께했다. 유일한 옷감의 원료이기도 했지만, 꽃 지고 난 며칠 후에 밤알 크기만큼 매달리는 달착지근한 열매, 따먹는 동심들에겐 일품의 군것질 과일이기도 했다.

목화열매하면 어머니 생각이 환영되어 서럽다. "열매 하나가 자라서 목화로 피면 네 양말을 떠줄 수 있는 실이 얼만데 그걸 따먹으면 어떻게 하느냐"며 아들의 배고픈 설움에 글썽하시던 어머님 눈빛이 지금도 선하다.

목화를 심어 무명을 짜내기까지 모두 어머니들의 한이었다. 배고픈 한도 컸지만, 그보다 더 큰 한은 헐벗은 한이었다. 겨울옷은 무명옷, 여름옷은 삼베옷…. 무명실을 만들기 위해 어머니들은 북풍한설 문풍지 울어 에는 긴긴 겨울밤 물레질을 하면서 서리서리 맺힌 인고의 한을 한숨으로 풀어냈고, 베틀에 앉아 허기진 허리를 졸라매며 알아듣지 못할 군소리 청승맞게 바디질을 했다.

이제 목화는 이 땅에서 서식 터전까지 뺏기고 말았다. 배부르고 등짝 따뜻해지면서 어느 날부터인가 목화는 농촌에서 사라졌다. 농경사회에서 산업사회로, 다시 첨단 과학문명시대로 접어들면서 목화농사는 갈 곳을 잃었다. 옷감의 수요는 몇 십 배로 늘어났지만 목화농사는 배척당하고 말았다.

작은 분(盆)속에 갇혀 답답한 식당 안에서 계절감각마저도 상실한 채, 초겨울인 아직까지도 파란 열매 몇 개 매달고 고향도, 세월도 체념한 듯 볼거리로 변신해 서있는 목화나무가 안쓰럽다. 7~8월 무궁화 닮은 예쁜 꽃 지고나면, 하늬바람 서늘해질 때 5각형 깍지 벌려 하얀 솜털 꽃 다시 몽실몽실 피어내던 목화열매…, 아련해진 고향추억이다. (2010. 11.)

김유정 문학관에서

춘천의 별미는 닭갈비와 막국수라는 데 웬 오리고기까지…. '초록마을' 임현옥 사장께서 베풀어주신 푸짐한 점심 요리가 천리 길 찾아간 길손들에게 힘을 충전시켰다. "금강산도 식후경"이라 했던가. 느긋하게 오후 2시쯤 도착한 곳이 "30년대 한국소설의 축복"으로 일컬어지던 춘천시 신동면 중리 실레마을 김유정(金裕貞) 문학관이다.

가는 날이 장날이라던가. 마침 김유정 선생의 72주기 제삿날이다. 오전에 봉행된 제례행사 뒤끝이라 경내엔 아직도 떠나지 못한 선생의 유혼이듯, 은은한 향내가 구석구석 스쳐 흐른다. 곳곳에서 찾아온 후학들의 추모행렬이 끈 달아 웅성대고, 그 틈에 우리 일행도 함께 끼어든다.

이미 예약된 해설사의 유창한 설명을 듣노라니 일찍 떠나신 선생의 생애가 더욱 아쉽다. 선생은 1908년 1월 11일 강원도 춘천시 신동면 중리 실레마을에서 아버지 김춘식과 어머니 청송 심씨의 8남매(2남 6여) 중 7번째로 태어났다. 가세가 부유하던 6살 때 가족들과 함께 서울로 이사 했으나, 7살에 어머니를 잃고, 9살에 아버지를 잃는다.

귀여움과 사랑을 독차지할 어린나이에 부모를 모두 여윈 선생은 예민한 감수성에 상처를 받기 시작했다. 더구나 가장이던 형의 방탕으로 가산을 탕진하면서 생활기반까지 무너지는 억장을 겪게 된다.

서울에서 고등학교를 졸업하면서부터 이루지 못할 짝사랑에 빠져 방황했고, 끝내는 출석일수 부족으로 대학에서 마저 제적된 후 고향인 실레마을로 다시 돌아와 간이학교 금병의숙(錦屛義塾)을 만들어 농촌계몽운동을 주도했다.

1933년 다시 서울로 돌아가 '산골나그네'를 시작으로 1935년 조선일보 신춘문예에 '소낙비', 조선중앙일보에 '노다지' 등을 연달아 발표하면서 그 이름은 한국문단에 샛별로 자리 잡기 시작했다. 그 후 '금 따는 콩밭', '봄봄' 등을 잇달아 발표하지만, 그에겐 이미 정신적으로나 육체적으로 이겨낼 수 없는 자폐증상과 함께 결핵이란 난치병까지 깊숙하게 자리 잡기 시작했다.

그는 극심해지는 병마와 싸우면서도 '동백꽃', '가을', '정조' 등 무려 30여 편의 단편소설을 발표한 후 1937년 3월 29일, 29세의 짧은 생애를 경기도 광주에 사는 누님 집에서 마무리한다. 김유정은 무덤조차 남기지 않았다. 시신은 화장되었고, 유골은 한줌의

재가 되어 한강에 뿌려졌다는 기록만 전한다. 물론 그가 생전에 쓰던 유품도 한 점 없다.

일부 유품을 보관하던 친구이자 동창생이던 안회남 마저도 월북해버렸으니 더욱 알 길이 묘연하다. 안회남은 1939년 10월에 쓴 추모의 글〈겸허, 김유정 전〉에서 "그를 생각하고 어디다 머리 숙일 곳도 없으며, 그를 생각하여 한 묶음 향기 좋은 꽃을 사더라도 어디다 놓을 곳이 없다"고 한탄했다.

안회남은 또 "그의 육체적인 것이 세상에 남아있는 것이라고는, 그가 일찍이 어느 여성에게 보냈던 한 장의 혈서뿐이다. 언제 이것이나 깨끗한 땅에 묻어주고 그 곳을 김유정 지묘(金裕貞之墓)라고 하겠다."고 기술하기도 했다.

슬프다. 그 세월의 전설만 맴돌고 있으니…. 세월은 그냥 가지만은 않는다. 언제나 변화를 동반한다. 김유정의 소설무대였던 겹겹의 산촌, 실레마을 풍경도 이젠 산촌이 아니다. 환경도 변하고, 인심도 변하고, 모두가 변했다.

찌개 끓여놓고 자글대는 번뇌갈등 안주삼아 막걸리 마시며 작품구상에 골몰하던 옛 주막 터나, 소설 속 주인공 봉필영감이 살았던 마름집터만 전설로 맴돌고 있다. 유일하게도 지금까지 변함없이 유정의 문학 혼을 지키고 있는 것은 마을 건너편 금병산 뿐이다.

첩첩한 산자락에 싸여있는 실레마을은 모두가 유정문학의 무대였고, 글감의 소재였다. 소설 속의 '들병이' 와도 이때부터 어울린다. '들병이'는 남편 있는 여인이 시골 주막을 돌아다니며 술과 몸을 파는 여자다. 당시 실레마을에 출몰하던 들병이는 김유정의 문학에도 커다란 영향을 미친다는 게 연구가들의 평이다.

일찍 부모를 여의고 사랑 없이 자란 메마른 소년기, 서울과 실레마을을 오가며 의지할 곳 없이 방황하던 사춘기, 보내고 또 보내도 답장 없는 사랑의 그리움으로 병이 된 청춘기, 끝내 안식처조차 찾지 못한 채 영혼하나 붙잡고 떠돌다 요절한 불운한 생애…, 보지 않았어도 마주 본 듯 선한 선생의 고혼(孤魂)이 문학관 공간 구석구석을 채우고 넘친다.

칼날같이 차갑고 지독하게 외로웠던 삶을 겪으면서도 문학이란 등짐을 숙명처럼 짊어지고 피 말리는 고독의 눈물도 수없이 흘렸으리라. 아니 울고 싶어도 울지 못하고, 웃고 싶어도 웃지 못한 때가 어찌 한두 번이었으랴. 무너질까봐, 주저앉을까봐 원고지 앞에서 슬픔의 가슴을 두드리고, 머리통 흔들어대기는 또 얼마였을까….

아무도 가지 않는 땅, 누구도 걷지 않는 길, 암흑 속처럼 외로운 심연에서 창작의 열정으로 말문마저 닫고 앉아 자신을 불태운 유정선생…. 봄날 피어나는 화사하고 예쁜 꽃들 모두 제쳐두고 왜 하필이면 있어도 없는 듯, 없어도 있는 듯, 응달진 계곡에서 게슴츠레 피어난 '산 동백(山冬柏)꽃'을 대표작품의 주제(主題)로 선택해야 했을까….

체취(體臭) 밴 유품도 하나 없이 문학의 정신만 남기고 요절한 유정의 한처럼 문학관엔 생전에 출판됐던 작품집, 또는 그의 혼을 기리는 문학평론서, 신문기사 스크랩만 진열돼 있을 뿐이다. 해설사의 달변도 왠지 쓸쓸하기만 하다. (2009. 3.)

홍의紅衣장군 곽재우郭再祐선생

최근에 읽은 어느 신문의 칼럼 내용이 잊혀지지 않는다. 군대에 간 아들이 집으로 전화를 걸어 "엄마 무서워" 라며 울먹였다는 것이다. 또 어느 병사는 "아빠, 이명박이 전쟁을 하려고 하는데, 뭐 어떻게 해야 하는 것 아니야? 그렇게 가만있으면 어떻게 해?" 라며 전화에 대고 부모를 원망하고 힐책까지 했다는 내용이다.

나약해진 대한민국의 국방력이 걱정이다. 일선 장병들의 의지력이나 국가관이 이토록 나약해졌다는 증거다. 북한군이 쏘아댄 어뢰에 맞아 천안 함이 침몰당하고, 동료 전우 46명이 떼죽음을 당하는 긴박한 상황이 전개될 즈음의 얘기이기에 더욱 개탄스럽다. 마침 제5회 지방선거 과정이라 좌파집단들이 조작해낸 표심 호객용 유언비어에 동조했을 가능성도 배제할 수는 없다.

허지만 명색이 대한민국 군인이다. 국방의무와 사명감을 통감해야 할 신분이다. 철통같은 호국정신으로 무장됐어야 할 장병들의 의식구조가 "전쟁이 날지 모르니 적군의 책임을 따지지 말고 그냥 넘어가게 해 달라"고 집으로 전화해서 엄마, 아빠 마음까지 흔들어놓는 게 오늘의 현실이라면, 적군의 총칼 앞에 서있는 대한민국의 국방은 앞으로 어떻게 될 것인가….

아니다. 따지고 보면 군인만 닷할 일이 아니다. '핵폭단협박', '전쟁불사협박', '불바다협박' 등 북한에서 협박이 터질 때마다 출렁대는 주가(株價)에 민감한 일부 극단이기주의자들의 국가관 잃은 의식구조가 더 큰 문제다. 적군의 도발로 천안 함이 침몰되든 말든, 생떼 같은 46명의 장병들이 죽든 말든, 국가위상이야 어찌 되던, 조용한 대북관계유지로 주가만 치솟길 바라는 게 얌체족들의 기대다.

보도에 따르면 "천안함이 스스로 침몰했다"고 거짓말 소문을 퍼트린 곳 중의 하나가 바로 서울 여의도 증권가라고 한다. 오늘의 세태가 어찌 이 꼴이 되었는가, 슬픈 일이다. 국민의 의식 속에서 국가관이, 역사관이, 이토록 흐느적대고 있으니, 이 나라의 미래 좌표는 어디에 있는가. 우리는 오늘 6.25전란 60주년을 맞고 있다. 처참했던 전장의 희생자들이 아직도 우리 이웃과, 이 시대에 공존하고 있다.

"인류여! 밝은 햇살이 그대의 얼굴에 비추기까지는 이 땅위에 얼마나 많은 십자가가 세워졌든가" 어느 이방시인의 글귀가 서늘한 깨우침을 가져온다. 누가 오늘이 있기까지 이 나라를 지켜왔던가…. 감히 호국선열들의 이름을 부르며, 우리가 그 후예라고 떠들기엔 면목이 없다. 국가와 국민을 도외시하는 일부 정치집단의 이기주의가 비겁하고, 국가정체성마저 부정하는 반국가집단의 이적행위가 비겁하고, 적개심으로 충천해야할 장병들의 의식구조가 아직도 엄마아빠에 매달리는 가치관이 비겁하다.

임진왜란 때 의병장으로 사생결단의 전장에 뛰어들어 적군과 싸웠던 곽재우선생의 일편단심, 호국충정은 4백여 년이 지난 기록만으로도 눈물겹다. 선생은 의령 출신으로 사헌부, 사간원, 홍문관을 거쳐 의주목사, 황해도 관찰사까지 지낸 세도가의 아들이었다. 선조 18년(1585) 문과에 급제했으나 왕의 비위를 건드린 글귀가 문제되어 파방(罷榜)까지 당한다. 물론 총명 비범함을 시기 질투한 간신배들의 모함이었다.

국방을 외면한 조정의 당파싸움이 극에 달했던 시기다. 호시탐탐 대륙침략기회를 노리던 일본의 야욕은 1592년 드디어 임진왜란을 일으킨다. 유비무환을 진언하던 선비, 충신들의 말을 귀담아 듣지 않던 선조 대왕마저, 조정간신들의 권유 따라 의주로 피난하게 된다. 방어체계의 구심점이 무너지는 위기의 국란 앞에서 선생은 비분 통절한다.

나라만은 왜적에게 빼앗길 수 없는 호국충정…. 선생은 집안에 보관하던 붉은 비단 필을 꺼내 도포를 지어입고 분연히 일어선다. 향리인 의령지방을 중심으로 의병을 일으켜, 선비의 절의와 비분을 호국충정에 바친다. 훈련되지 않은 적은 병력, 왜군과 비교할 수 없는 무기, 또 의병조직을 통솔해야 하는 필수적 군비 등 중과부적인 한계를 무릅쓰고 선생은 오직 호국충정 하나만으로 곳곳에서 의병을 일으켜 왜적과 전투를 벌인다. 신출귀몰하게 떨치는 용맹은 지축을 울렸고, 섬광처럼 번뜩인 전술기지는 침략 왜군들을 혼비백산시켰다.

붉은 도포자락 휘날리며 전장의 선두에 섰기 때문에 홍의(紅衣)장군이란 칭호까지 붙었다. 전공(戰功)의 지혜를 시기한 감찰사의 모함으로 구금까지 당하는 수모를 겪으면서도 장군은 사사로운 감정에 매달려 구국의 대의를 버릴 수는 없었다. 의령, 삼가, 합천, 창녕 등지로 침투한 왜군을 닥치는 대로 섬멸했다. 풍전등화 같은 위기의 국운을 지켜내기 위한 장군의 호국충정을 감히 어느 사직, 어느 필설로 대신하랴….

왜군들이 전라감사 행차를 위장해 경상 함안에서 정암(솥바위)진을 넘어 전라도지역으로 향할 때, 기지가 뛰어난 장군은 용감한 의병 10명을 선발해 자기와 똑같이 붉은 도포에 백마를 태워 적진으로 뛰어들게 했다. 비호처럼 나타난 혼란전술로 적군을 전멸시킨 솥 바위나루(정암진) 전투는 홍의장군의 의병 사를 대표한다.

때문에 적군의 진로는 전라도로 직접 들어가지 못하고 충청권으로 우회하면서, 또 다른 의병장 중봉(重峰) 조헌(趙憲)선생 등과 치열한 전투를 벌이게 된다. 1592년 8월 금산으로 쳐들어온 왜적들에게 항전하던 의병장 중봉선생은 활과 맨주먹으로 맞서 전라도 방향 통로인 금성면 일대 요새지역을 막았지만 겨우 7백 명의 호국충정은 총칼로 무장한 1만 5천명 적군에겐 중과부적이었다. 충남 금산에 칠백의총이 자리하고 있는 역사다.

국방의무를 맡고 있는 일선장병의 신분으로 엄마에게 전화를 걸어 "무서움"을 호소한 병정놀이 유치원생의 소행이 오늘의 현실이라면 기가 막힌다. 가치관을 가르치는 교육정책이 문제인가, 사회적 기강을 바로세우는 법치가 문제인가. '애국' '충성' '호국' 등의 수사는 말로만 떠드는 정치집단, 또는 좌파집단의 구호뿐인가.

교육은 많아도 시대를 선도하는 진정한 가치관교육이 없고, 기강은 떠들어도 세태를 바로잡는 진정한 법치기강이 없으며, 개혁은 떠들어도 국민의 정신자세를 바로 세울 수 있는 개혁이 없으니, 일선에서 국방의 의무를 맡고 있는 군인정신인들 오죽할까…. 홍의장군의 호국충혼이 오늘도 저 먼 구천에서 내려다보고 계시다.

우리는 동족끼리 죽이고 죽는 뼈아픈 6.25전쟁을 이미 60년 전에 체험했다. 겉으로는 날마다 민주주의를 외치면서도 틈만 나면 민주주의 진정성을 짓밟으려 하고 있는 반민주주의 집단들이 곳곳에서 기승을 부린다. 주술적으로 적화통일을 외쳐대는 북한의 독재는 핵무기로 위협하며 '전쟁불사'를 외치고 있는 게 오늘의 현실이다. 홍의장군님! 면목이 없습니다. (2010. 6.)

소양강 처녀상 앞에서

글 좀 써보겠다고 다짐하건만 글 쓰는 사람들 속에는 내가 없다. 뭔가 남겨보겠노라고 고집하건만 돌아다보면 흔적도 없다. 나는 어데 있는가. 불현듯이 내가 나를 찾기 일쑤다. 오늘은 문학기행을 떠난다.

개나리꽃들이 수줍게 꿈을 여는 햇살고운 3월의 마지막 주말이었다. '소양강처녀'의 고향을 찾기로 했다. 즐거운 일에 마다할 이유 없다. 어디엔가 흩어져있을 것 같은 글감도 줍고, 지리멸렬한 일상을 뛰어넘는 해방감도 맛보기 위한 오랜만의 기회다.

예사롭지 않은 설렘 가슴에 담아 비몽사몽 잠결 뿌리치고 일찍부터 강원도 춘천으로 달렸다. 살면서 부닥쳐 온 하찮은 노여움들도 털어내고, 천박한 욕망들도 다독이노라면 깜빡깜빡 졸음 사이로 스쳐 지난 산천경개는 어느새 관동의 준령을 넘었다.

먼 거리만큼 지루한 시간쯤에 버스가 멈춘 곳은 소양강 처녀상(像)앞이다. 동(銅)으로 빚은 처녀상은 강물위에 세워졌고, 돌에 새긴 노래비는 강변도로 화단위에 세웠다. 소양강 처녀상은 업적이나 위업을 기리기 위해 세워진 특정인의 형상이 아니다.

반야월이 글을 짓고, 이호가 작곡한 '소양강 처녀'가 세인들의 애창곡으로 인기가 오르자, 자치단체인 춘천시가 2005년도에 약 5억 원의 예산을 들여 소양강 호반에 홍보물로 제작 건립한 상징물 일뿐이다. 그래도 사람들은 감동한다. 노래에 감동하고 아름다운 풍광에 감동한다.

세월이 그냥 흐르기만 하던가. 강은 그대로 옛 강이로되, 물은 옛 물이 아님을 누군들 왜 모르랴. 이 세상에 소양강처녀 노래가 태어나기 전 추억이 스친다. 강원도에서 개최됐던 전국체전(體典) 때 취재차 다녀갔던 40여 년 전의 소양강 풍경을 회상해본다. 많이도 변했구나. 그래, 변했겠지….

발길 멈춘 나그네, 독대하듯 노래비 앞에 선다. 이곳이 바로 '소양강 처녀'의 본향이라고 속삭인다. 마다않고 찾아온 내 의미가 감자알처럼 노래비 주변에서 조롱조롱 여문다. 잔설 스쳐 넘는 춘천의 바람결은 아직도 차지만, 강물 따라 여울지는 '소양강 처녀'의 애절한 가락은 천리 길 찾아온 나그네 춘심에 서리서리 안긴다.

해 저문 소양강에 황혼이 지면/ 외로운 갈대밭에 슬피 우는 두견새야/ 열여덟 딸기 같은 어린 내 순정/ 너마저 몰라주면 나는 나는 어쩌나/ 아— 그리워서 애만 태우는 소양강 처녀—. 오늘도 어제 같은 '소양강 처녀'다.

언젠가 가보았던 남해바다 멀고도 외로운 섬, 흑산도 추억이 오버랩 된다. 푸름보다 짙은 검은 산 정상에 세워진 노래비 에서 끝없이 흐르던 '흑산도 아가씨'의 구슬픈 가락이 아직도 머릿속에 여울진다. 잠시의 감동은 세월처럼 길어지는가. 아프게 살아야하는 외로움을 외치고, 슬프게 살아야하는 고독을 외친노래 흑산도 아가씨—.

말하고 싶지만 아무 말 못한 채 가슴 속에 한으로 묻어두었던 섬 처녀들의 수줍은 사연들이 곱디고운 이미자(李美子) 목청타고 사방의 바다로 흐르던 감동.

남모르게 그리운 세월은 가고/ 물결은 천번 만번 밀려오는데/ 못 견디게 그리운 아득한 저 육지를/ 바라보다 검게 타 버린/ 검게 타버린 흑산도 아가씨—.

'소양강 처녀'와 '흑산도 아가씨' 그리움도, 외로움도, 기다림도, 그리고 순정도, 사랑도 무엇이 다르고, 무엇이 틀릴까…. 형체로 잡아볼 수도 없고, 질량으로 담아낼 수도 없는 아리한 통증들, 취흥에 겨워 불러보는 단순한 노래만은 아니다. 겨우내 혼자서 푸르러야하는 사철나무의 외로움은 대나무도 소나무도 틀리지 않는다.

'소양강 처녀' 가수가 꿈이던 18세 처녀의 애틋한 사연을 담아낸 노래 말 모두가 이곳 소양강변 태생인 윤기순양의 실화란다. 소양강에서 고기잡이로 생계를 꾸리던 아버지 곁을 떠났으나 끝내 가수의 꿈을 이루지 못한 채 그리움으로 애만 태운 윤 양의 사연을 조각예술로 형상화 한 것이 소양강 처녀상이다.

노래 들으며 호반에 세워진 처녀상을 연신 바라본다. 꿈만 가지고 이룰 수 없는 삶의 한계를 깨닫게 한다. 그렇다고 생각하니 정말 그런 것 같다. 가무잡잡하게 그을린 얼굴은 모두 그리움뿐이다. 금방이라도 성큼 다가 설듯, 봉긋한 가슴에서 "열여덟 딸기 같은 어린 내 순정"이 뭉클하게 잡힐 것만 같다.

세련되지 못한 맵시가 환영(幻影)에서 지워지질 않는 내 추억의 그 여인과 어쩌면 그리도 닮았을까. "너마저 몰라주면 나는 나는 어쩌나" 바로 그 표정이다. 주체하지 못할 처녀의 순정이 무엇인지 어렴풋이 드러난다. 시공을 멀리 띄워 그리움을 향하듯, 휘날리는 치마폭을 무릎까지 걷어 올린 자태가 꿈으로 젖어 살던 강촌(江村) 처녀, 바로 그 상이다.

마음속에 쌓아둔 정만큼이나 애절한 노래 '소양강 처녀'는 들을수록 외롭다. 글쟁이가 아니더라도 어쩔 수 없을 것이다. 내 마음속에서 앙금 같은 추억을 긁어내 처녀상 앞에 뿌려본다. "너는 내 마음을 아느냐"고 물어 오는 듯하다. 휘날리는 저고리고름 끝에서 차디찬 강바람이 연신 나부낀다.

먼 산 정수리마다 잔설을 덮고 있으니 소양강은 아직도 봄 풍경이 이르다. 억제된 욕망인가. 일렁임조차도 잊어진 듯 조용한 강심이 외롭고, 버려지듯 주인 없이 떠있는 한가한 유람선들도 외롭다. 어울리지 않게 스텐재질로 세워진 쏘가리 조형물 끝에서 햇빛은 반짝대지만, 모두가 외로움으로 에둘린 채 소양강 처녀상도 외롭기만 하다.

버스는 다시 소양강을 거슬러 댐으로 이동한다. 높이 123m, 길이 530m의 위용과는 달리 물이 말라 호반풍경은 갈증으로 메말랐다. 나무가 빽빽하게 들어차야 산의 풍성이 아름답듯, 물 마른 호수풍경은 삶에 지친 여인의 몰골처럼 수척하다. 언론으로만 듣고 보아온 영동지방의 가뭄현상을 실감케 한다. 산허리에 굽이굽이 둘러진 물 자국만이 가득 찼던 호반의 아름다운 풍광을 짐작케 한다.

누구의 착상인가. 공중에서 퍼덕이듯, 절벽에 설치된 수십 마리 물고기 조형물들이 물 마른 호수풍경을 더욱 메마르게 한다. 절벽공간에 설치할 조형물이 그리도 없었나? 볼거리야 있든 없든 길거리에 늘어앉아 호객경쟁에 목청 돋우는 행상들의 앙칼진 상혼까지도 물 마른 호반풍경처럼 거칠다.

문학기행이라고 어찌 좋은 것만 골라서 볼 수 있겠는가—. 거푸 마셔댄 막걸리 몇 잔이 혈관타고 바쁘게 흐른다. 금강산도 식후경(食後景)이라했던가. 초록마을 엄현옥 사장님이 베풀어주신 점심에 가지가지 오리요리는 맛도 일품이었지만, 고마운 정성은 소양강 처녀상보다도 더 아름다운 추억으로 새기고 싶다. (2009. 3.)

새만금에 다녀와서

하늘만 무한하고 세월만 무한한 게 아니다. 넓은 바다에 가보면 바다가 무한하고, 높은 산에 가보면 산이 무한하다. 9월 10일 초가을 햇볕이 유난히 화창하던 날이다. 평화언론포럼 회원 40명이 전북 새만금 방조제에 다녀왔다. 자연의 무한함에 맞서는 인간의 힘 또한 무한함을 깨닫게 하는 대역사(大役事)의 현장이었다.

돌을 쌓고, 흙을 쌓아 군산—변산 간 바다 한복판을 가로막아 현대판 상전벽해를 만들어 놓았으니 무한한 인간의 힘을 누가 부정하랴. 나는 지금까지 불가능 없는 능력은 신(神)만이 가졌다고 믿어왔다. 그러던 내 신념도 '새만금방조제' 란 역사의 현장 앞에서 스르르 무너지고 말았다. 장관이구나! 대단하구나!

망망대해를 막아 장장 33.9㎞(80여리)의 거대한 제방을 만들어 낸 게 사람의 힘이라니….

까마득해서 바다 끝이 보이지 않을 때를 가리켜 우리는 수평선이라고 한다. 새만금 방조제도 끝에서 끝이 보이질 않는다. 인간의 능력으로 수평선 위에 또 하나 지평선을 만들어 놓은 것이다. 수평선과 지평선이 함께 달리는 명소가 새만금방조제다.

난위공사규모로 난군 이래 최대역사이며, 세계가 공인한 최상규모의 공사라는 것이다. 평균 34m수심 속에서, 초당 평균 7m의 유속을 뚫고, 순수 우리기술만으로 성공시킨 고난도의 심해공사였기에 무한한 인간능력의 가치가 더욱 위대하다. 4차선 차도(車道) 제방이 준공되기까지 동원된 연인원만 2백37만 명이었으니 범인의 산술개념으로서는 짐작되지 않는 규모다.

20t급 트럭을 비롯해, 동원된 중장비가 91만대, 소요된 토석만도 1억2천3백만 입방미터다. 418킬로미터 경부고속도로 전 구간에 13m높이의 성을 쌓고도 남을 량이다. 방조제의 기초바닥넓이는 평균 290m(최고 넓은 곳535m), 수상높이는 평균 36m(최고 53m), 소요예산은 2조9천억 원, 공사기간은 1991년부터 2010년 4월까지 무려 20년이 걸렸다.

더욱 광활한 것은 제방 안쪽으로 감싸 안은 바다면적이다. 자그마치 1억2천 만평, 서울시 면적의 2/3이나 된다. 이곳에 흙을 채워 세계가 주목하는 대한민국의 실낙원을 건설한다는 것이다. 또 한 번 탄성이 터진다. 부족한 물자는 공장에서 생산하거나 외국에서 수입해 들이면 해결될 수 있지만, 국토확장수단은 전쟁으로만 가능한 방법이 아니던가. 그것도 이겼을 때만….

핵폭탄을 만들고, 인공위성을 만들고, 끝내는 인조생명까지 만들어내면서 조물주의 섭리영역까지 넘보던 인간의 욕망이, 이제는 바다를 막아 국토면적을 넓혀내고 있으니, 무한으로 달리는 인간의 능력은 정말로 가공스럽다. 중간 쉼터에 커다랗게 세워진 "기술의 현대, 세계의 현대"란 시공회사의 입간판이 정말로 당당하다. 물론 근대화된 기계장비가 주역을 했다지만, 그 장비들을 만들어내고 운전한 기술은 바로 인간의 지혜다.

설 쇠고 언 땅이 풀리는 2~3월쯤 되면 이웃들끼리 모여 산골다랑치 논배미를 합치던 옛날 산골마을의 경지정리 작업광경이 떠오른다. 어른들은 지게로 져 나르고 아녀자들은 삼태기나 세숫대야에 흙을 담아 날랐다. 지금처럼 굴착기와 트럭 한두 대로 단시간 내에 해낼 수 있는 인간의 지혜가 미개했던 시절이다. 불과 50여 년 전 얘기다. 그토록 미약하기만 했던 인간의 힘이, 이젠 상전벽해를 자유자재로 만들어 내고 있으니 격세지감이 무한하다. '상전벽해'란 고사 성어는 그냥 만들어진 게 아니다. 사람들이 쏟아낸 노고의 피와 땀은 얼마이었겠나. 알고 보면 새만금 공사과정도 순조롭지 못했다. 자연과 싸워야 하는 공정상 난관도 많았지만, 그보다 더 큰 장벽은 찬반으로 엇갈린 논쟁 때문이었다. 환경논쟁과, 정치논쟁의 틈바구니에서 두 차례나 공사가 중단되고, 끝내 법정시비까지 벌여온 과정은 4명의 대통령을 바꿔온 통치역사 못지않게 우여곡절도 많았다.

이제부터는 1억2천 만평의 매립공사다. 제방안쪽 바다를 모두

메꾸어 새만금의 터전을 만들어내는 토지조성공사다.

2011~2020년까지 10년 계획으로 무려 20조원이 투입되는, 그야말로 지도를 바꾸는 사업이다. 주변에 산들을 깎아 바다로 밀어 넣어야 한다. 산세가 바뀌고, 지형이 바뀌는 개벽이다. 이미 새만금 특별법이 제정됐고, 경제자유구역청 지정, 새만금종합개발계획이 확정돼 미래 '세계경제자유기지'가 설계되고 있다.

그동안 우리나라 방조제나, 간척지하면 가장 큰 곳으로 상징돼 온 곳이 충남 서산의 천수만 A, B지구였다. 거대한 담수호, 광활한 농경지, 비행기 영농 등 자연과 문명이 어우러진 관광지로도 각광을 받았다. 1980~1995년까지 고 정주영 회장(현대건설)이 총공사비 6천4백70억 원의 예산을 들여 15년간의 공사로 충남 홍성군~서산시~태안군을 잇는 총길이 약 8킬로미터(7,686m)의 제방을 막아 4천6백61만2천 평의 간척지를 조성했다.

새만금 방조제가 완공되면서 우리나라 간척사업의 원조(元祖)격인, 천수만 방조제 위용은 이제 뒤로 밀려났다. 그러나 천수만 방조제가 오늘의 새만금 같은 더 큰 방조제를 만들어내는데 기술적 교훈이 됐다는 소박한 논리는 부정할 수 없는 한 페지 역사다. 원자력발전 연구기술이나, 고속철도 연구기술이 국제무대에서 엄청난 국익을 창출해내는 효자가 되듯, 이제 새만금 같은 대규모 간척사업기술 또한 국제무대로 진출해서 우리의 국익을 창출해내는데 한몫 할 것이란 기대도 크다. (2010. 9.)

호국충혼께 고합니다

울창한 녹음 사이로 뻐꾹새 울음소리 아련하게 여울지던 날, 발길 멈춘 곳은 충남 금산군 금성 벌에 자리한 호국영령의 성지, 칠백의총(七百義塚)이다. 정연하게 정돈된 경내로 들어 종용사(從容祠) 위패 앞에 후대민초 감히 머리 숙여 눈을 감으니 세월도 멈추는가, 선생의 호국충정, 추상같은 절의가 등줄기 타고 서늘하다.

이곳은 1592년 임진왜란 때 풍전등화처럼 위태로워진 조국을 지켜내고자 침략왜군들의 적진에 뛰어들어 장열하게 산화한 의병대장 중봉(重峰) 조 헌(趙憲)선생을 비롯해, 승장(僧將) 영규(靈圭) 대사 등 7백 명 의병들의 영혼이 잠들어 있는 처절한 격전지다. 목숨을 초개(草芥)처럼 던져 침략자들과 싸우다 몰사한 호국충혼들의 마지막 절규가 환청(幻聽)되어 애절하다.

오호통재(嗚呼痛哉)라! 그 충성, 그 절의 누구라서 무엇으로 보상할까. 국가관, 역사관, 교육관, 도덕적 가치관까지 허물어져가는 비통한 현실세태의 안타까움을 가슴에 안고 송구스런 마음 억누르며 기념관 첫 단에 봉안된 중봉선생의 영정 앞에 향불 사르자니, 오늘의 대한민국 현실을 고(告)하지 않을 수 없구나.

감히 고하옵나이다.

선생께서 이곳에 드신 지 올해로 418년입니다. 그동안 문명의 바람타고 산천도 변하고, 인걸도 변하고, 세태도 변하고, 국운의 변화인들 어찌 다 헤아리겠습니까. 실로 엄청나게 변화된 보고말씀에 무상한 세월의 희로(喜怒)가 교차하실 겁니다.

선생님! 아직도 일본의 대륙침략 야욕은 멈추지 않았습니다. 지금도 틈만 나면 "독도는 일본 땅"이라고 우겨대고, 교과서까지 왜곡 기술하여 한반도 침략역사를 합리화 시키면서 호시탐탐 재침 야욕을 늦추지 않고 있습니다. 그러면서도 앞에선 우방이라고 떠들어대고 있으니 교활하고 가증스럽기 짝이 없습니다.

더욱 슬픈 것은 1945년 일제 식민지에서 해방되자 강대국들의 이해놀음에 휘둘린 약소국의 운명이었습니다. 선생께서 목숨 바쳐 지켜주신 국토마저 두 동강난 채 지금까지도 동족간의 전쟁이 계속되고 있다는 현실입니다. 남쪽은 우파세력, 북쪽은 좌파세력으로 갈라져 서로가 죽고 죽이는 피비린내 나는 6.25전란도 겪었습니다.

위도선(緯度線) 하나 사이에 두고 총칼 겨누며 오늘도 동족끼리 계속되고 있는 치열한 이념전쟁은 왜놈시대 못지않게 살벌하니 억장이 무너집니다. 북녘 땅 공산 독재자들은 툭하면 어뢰를 터뜨리고, 핵무기로 위협하며 주술처럼 적화통일을 벼르고, 바다건너 일본제국주의자들은 아직도 잠들지 않은 식민지 망령들로 호시탐탐 대륙침략 기회를 노리고 있으니 대한민국의 국운은 오늘도 평안이 없습니다.

더욱더 한심한 건 임진왜란을 불러들였던 위정자들의 당파싸움이 아직도 심각합니다. 조선시대 못지않게 분열된 파당형태 또한 다양합니다. 게다가 권력 좀 잡았다하면 줄 대고, 등대고 모리배 못지않은 부정비리가 횡행합니다. 국가기강의 이정표가 돼야 할 전직대통령이 부정비리혐의로 수사도중 자살하고, 전직 국무총리가 뇌물수수혐의로 사법부에 들락거리고 있으니 참말로 부끄러운 일입니다.

여당은 무능해서 제구실을 못하고, 야당은 사사건건 생떼 억지 반대뿐입니다. 애국충혼들께서 목숨 바쳐 지켜주신 땅 대한민국의 현실입니다. 비분통탄 하실 겁니다. 선생님! 임진왜란을 불러들인 것도 바로 그 당시 조정대신들의 당쟁과 부정비리가 화근이 아니었던가요. 등뼈 휘도록 세금만 바치고 있는 민초들은 분통이 터집니다. 유엔본부에 편지를 보내면서까지 국가의 정체성을 뒤엎으려는 좌파집단들이 설치고 있으니 민초들은 더욱 슬픕니다.

때문에 민심은 사악하고 각박해졌습니다. 희로애락 함께 나누던 사회적인정도, 국운과 함께하던 절의충성도, 이제는 모두 옛말입니다. 풍요는 떠들어도 눈감으면 코 베가는 세상이 됐습니다. 국가관, 역사관, 도덕적 가치관까지 바닥났습니다. 정의, 양심, 진실, 충성 따위는 민심 속에서 사라졌습니다. 중봉 선생님! 이럴 때 영혼이라도 깨어나셔서 가치관, 국가관마저 잃고 방황하는 후대들에게 두 눈 부릅뜨고 호통 좀 쳐주셔야 하겠습니다.

그러나 선생께서 기쁨으로 깜짝 놀라실 일도 더러는 있습니다. 나라의 경제적 발전규모가 세계 선진국반열에 올랐습니다. 이전투구(泥田鬪狗)정치 환경 속에서도 헐벗고 배고프던 시절을 반복하지 않으려는 경제인들과 과학자들의 노력입니다. 좌파정치꾼들의 혼란책동만 없었다면 우리 국력은 더욱 나아졌을 겁니다.

그뿐 아닙니다. 조물주의 섭리영역마저 뛰어넘는 첨단과학문명시대를 이룩했습니다. 모두가 겨울도 여름처럼, 여름도 겨울처럼 살고 있습니다. 아마 선생님 영혼이 이 세상에 다시 깨어나신다면 "여기가 조선이더냐"고 감탄하실 겁니다. 중봉 선생님, 보고말씀은 끝이 없습니다만 이만 줄이겠습니다. 굽어 살피소서.

중봉선생은 경기도 김포출신으로 문인이자 조선중기 유학자다. 24세 때 장원급제하고, 25세 때(1568년. 선조1년) 관직에 몸을 담기 시작한다. 옳고 곧은 일을 시기하는 부패무리들의 모함과 당쟁에 휘말리면서 귀양살이까지 넘나든 조선조 명신(名臣)이다. 예견에 명석했던 선생은 임진왜란 발발직전인 1591년 '국방강화 소'를 올려 조정에 임진왜란을 예상하고 직언했지만 파당정쟁에 휘말린 일부 조정대신들로부터 오히려 음해까지 당한다.

1592년 드디어 임진란이 터지자 중봉선생의 호국충정은 "그래도 조국만은 지켜야한다"면서 5월부터 의병을 모아 차령전투, 청주성전투에서 왜적을 섬멸한다. 전공(戰功)을 시기한 관군(官軍)의 방해로 의병부대까지 강제해산 당한다. 경상지방에서 주춤대던 왜적이 다시 곡창지역인 충청도와 전라도를 향해 침략의 기수를 돌린다는 정보를 받고 중봉 선생은 최후의 의병 7백 명을 이끌고 전략요충지인 금성면 일대에서 맨주먹으로 왜적에 대항한다.

중과부적(衆寡不敵)은 오호통재라…, 총칼로 무장한 1만5천 왜적에게 몰살당하는 최후, 그때가 바로 1592년 8월 18일(음)이다. 죽음의 최후를 주저치 않았던 호국충정, 구국일념 굽히지 않았던 추상같은 절의, 누구를 위함이었을까. (2009. 8.)

존재사태, 그 사유(思惟)의 악보(樂譜)

— 《그 하나를 찾는 방황》에 구체화된

한 상 렬 문학평론가

서곡(序曲) _ 사유의 악보

하이데거와 비트겐슈타인은 문장과 그것이 이끄는 존재사태 Ereignis 사이에 심적 표상과 같은 매개물을 설정할 필요가 없다고 말한다. 하이데거는 한 걸음 더 나아가 진리의 경우 우리가 마주하는 존재사태가 의식에 의해 해석된 지향적 대상이 아니라, 존재사태 바로 그 자체라고 언명하고 있다. 요컨대 '진실'이란 진리와 동치(同値)이거나 호환(互換) 가능한 개념이다. 진리는 이치에, 진실은 사실 혹은 사태에 참(眞)이 귀속되어 있다. 그렇다면 참인 존재사태는 진실일 것이다. 그런데 진실로서의 진리의 장소는 언어가 아니라 존재사태가 된다. 언어는 진실을 담을 수는 있지만 이로부터 언어가 진리의 장소임이 연역되는 것은 아니다. 이것이 언어-진리의 기본명제의 또 다른 국면일 것이다.

진실로서의 진리와의 만남은 반드시 언어를 매개로 해서만 이루어지는 것은 아니다. 문제는 우리의 열린 마음과 태도에 달려 있을 것이다. 피천득은 그의 수필 〈비원〉에서 그가 비원에서 들은 꾀꼬리 소리를 통해 자신의 기억속에서 발굴해 낸 진실의 자락을 담담한 필치로 형상화하고 있다.

> 꾀꼬리 소리는 나를 어린 시절로 데려갔다.
>
> 서울 출생인 내가 꾀꼬리 소리를 처음 들은 것은 충청도 광시라는 시골에서였다. 내가 서울로 돌아오던 날 아침, 그 아이는 신작로까지 나와 나를 기다리고 있었다.
>
> 그때 꾀꼬리가 울었다. 그 아이는 나에게 작은 신문지 봉투를 주었다. 그 봉지 속에는 물기 있는 앵두가 가득 들어 있었다.

이렇게 진실로서의 진리는 먼 곳에 있지 않다. 누구에게나 진실의 편린들은 기억 어딘가에 묻혀 있기 마련이다. 다만 살다보니 세파에 매몰되어 본래성을 망각한 채 굳게 잠겨 있을 뿐이다. 그 문을 열 수 있는 힘은 바로 마음의 눈일 것이다. 하이데거 철학의 존재사태에 새겨진 'eigen' 이란 어근은 진실의 고유화 과정을 지칭하는 고유소(固有素)이다. 우리는 우리 자신에게 절실한 진리를 찾는다. 추상적 진리보다는 구체적 진실로서의 진리가 우리가 찾고자 하는 절실한 진리에 더 가까울 것이다.

지금 우리는 우울한 시대에 살고 있다. 그런데 우리 시대가 앓고 있는 이 우울증이 지난 세기의 우울증과 다르다는 데에 문제가 있다. 자신이 우울증을 앓는 지도 알 수 없을 만치 심각한 무감각함에 젖어 있다는 사실이다. 그 무감각은 일종의 '삶'의 한 방식이 되어 가고 있다. 그래 이 시대는 어떤 새로운 사유의 프로그램을 필요로 한다. 글쓰기는 이런 사유의 도전이요, 도발일 수 있다.

작가 류인석이 창조해 낸 사유의 산물인 일련의 수필들은 그야말로 사유의 조각들이다. 퍼즐처럼 수놓은 그의 수필의 자락은 그가 살고 있는 이 시대의 기쁨이자 우울함이기도 하다. 그의 사유의 지층은 어느 한 곳에 국한되어 있지 않다. 정서적 편린들이 도처에 깔려 있는 수필문단에 그의 수필은 사유의 광맥을 찾아 나서고 있다. 도덕적 당위의 무조건적인 믿음과 헛된 약속에 길들여진 끔찍한 상투어가 남발되는 오답과 오문(誤聞)을 그는 멀리한다. 하여 그가 찾아가는 수필의 행로는 현실이라는 틀 위에 진행되는 여러 현상들을 목도하며 존재사태로서의 진리에의 순례라 해도 좋을 듯하다. 드러남과 물러남의 이중구조가 마치 몇 개의 악보들처럼 수필이란 이름으로 기보(記譜)하고 있다. 하여 필자는 그의 수필에서 악보를 떠올린다.

류인석의 수필은 편편이 사유의 조각들이다. 그는 이 조각들을 서로 짜 맞추고 조율하여 새롭게 연주하고자 하는 이들을 위해 수필이란 이름으로 펼쳐놓고 있다. 여기 이 악보들은 그 자체로 절대음악이 아니다. 언제나 또 다른 연주와 해석을 기다리는 하나의 기보된 형태, 문자일 뿐이다. 지각과 언어를 통한 존재사태로서의 진리가 밀고 당김을 통해 류인석의 수필에서는 구체화되고 있다.

악보를 통해 하나의 음악이나 몇 개의 변주가 탄생할 수만 있다면 작곡가에게는 그 이상의 기쁨이 없을 것이다. 류인석의 수필의 진실은 바로 이런 변주에서 마력과도 같은 감상의 기쁨을 준다. 수필을 통한 존재사태의 해석이 사유의 악보처럼 펼쳐진다.

제1악장 _ 존재, 유형지(流刑地)에서의 사색

사유란 사전적 의미로 보면 사태를 두루 생각함을 뜻한다. 그 하나는 그의 앞에 펼쳐지는 사태의 근원을 소급하여 그 시원에서부터 사유하는 것이요, 둘째는 이를 바탕으로 하여 앞으로 펼쳐질 사태를 맞이할 채비를 그 사유로부터 길어내는 것이다. 전자가 과거로 소급한다는 점에서 역사적 사유라면, 후자는 현재로부터 미래를 투사한다는 점에서 계시적 사유일 것이다.

장자(莊子)의 《제물론(齊物論)》에 의하면, "사유는 잘 닦여진 채로 우리 앞에 놓여 있는 고속도로나 국도보다는 걸음으로써 생겨나고 발길 따라 이리저리 바뀌기도 하다가 오랫동안 인적이 끊기면 없어지고 마는 숲길에 더 가깝다"하였다. 그렇기에 고속도로나 국도는 사유보다는 능률과 편의를 목적으로 한 알고리즘에 견주어야 할 것이다. 한 번 떠오른 악상을 기록하면 더 이상의 수정을 필요로 하지 않는, 완벽했던 모차르트의 천재성은 그 위대성에도 불구하고 숲길을 닮은 사유와는 어울리지 않았다. 그래 사유는 오히려 자신의 작품에 수정과 개작을 거듭해 무수한 판본의 문제를 야기한 부르크너의 음악에 더 가까울 것이다. 하기에 류인석의 9번째 수필집 상제는 한 작가의 웅장한 서사적 구조에도 불구하고 하이데거의 사유의 길을 닮고 있다. 이제 수필작가 류인석이 퍼즐처럼 바둑판에 펼쳐놓은 수필세계를 세목(細目)을 따라 밟아가고자 한다.

마음은 몸과 말을 떠나서가 아니라 오직 그 안에서만 도달할 수 있는 어떤 것이다. 그랬을 때만이 비로소 유일한 삶 속에서 체험하는 무한이라는 것이 우리에게 어떤 의미를 띨 수 있게 된다. 이른바 유형의 초월, 몸은 몸으로써 넘어도 몸은 그대로 남고, 말을 말로써 넘어도 말은 그대로 남는다. 그렇기에 삶의 공간은 기본적으로 윤회생사의 세계인 바르도(Baedo), 곧 유정(有情)이 태어남으로 인해 처할 수밖에 없는 유형지(流刑地)의 모습을 띨 수밖에 없다. 몸을 입음으로 인해 치러내야 할 형벌, 유형(有形)은 또한 유형(流刑)이 된다.

하이데거의 《존재와 시간》은 〈사유란 무엇인가〉에 대하여 깊은 성찰을 하고 있다. 그가 《형이상학입문》에서 인용한 소포클레스의 〈안티고네〉에는 다음과 같은 첫 번째 합창이 나온다.

> 두려운 것은 많으나, 그러나 아무것도
> 자신을 드러내어 인간을 뛰어넘을 만큼 그렇게 두려운 것은 없나니,
> (……)
> 그렇게도 피곤할 줄 모르는, 파괴될 수 없는
> 가장 너그러운 신(神)인 대지까지도
> 말이 끄는 쟁기로 해를 거듭해서
> 갈고 또 갈아 고갈시키는구나.

여기 쟁기를 사용한다는 것은 인간의 사태가 아니라 존재의 사태이다. 〈존재와 인간〉에서 하이데거가 "손안에 있음을 존재자가 '그 자체로' 존재하는 대로의 존재자에 대한 존재론적으로 보아, 모든 사건은 존재 자체에 의해 이루어지는 사건임을 말하고 있다.

류인석의 9번째 수필집 《그 하나를 찾는 방황》의 표제수필은 존재에 대한 깊은 성찰로부터 시작된다. "아무것도 보이지 않고, 가는 곳도 알 수 없다. 내 좌표를 나도 모른다. 어디로 가는지 방향 표시도 없고, 얼마만큼 가야 하는지 이정표도 없다. 날마다 낯선 길, 이게 바로 나의 삶이다. 함께 가는 일행은 많아도 언제나 나 혼자다. 가도 가도 끝이 없다. 어떤 때는 초조하고 어떤

때는 불안하다. 이게 바로 나의 문학이다." 그의 문학과 존재에 대한 성찰은 이렇듯 진정성을 갖고 있다. 어차피 삶은 일종의 방황이다. 그러나 그 가운데에서도 하나를 찾아가는 방황은 그가 가야 할 뚜렷한 목표를 향한 지향적 행로일 것이다. "갈증이 갈등으로 쌓일 때는 절망으로 변하기도 한다. 가끔은 신열이 등줄기 타고 진땀처럼 흘러내린다. 몸살처럼 때로는 온몸에 한기도 퍼붓는다. 무모한 도전임을 뉘우칠 때도 있다. 시작부터 착각이었음을 깨닫기도 여러 차례. 그러나 이제는 후퇴할 수도 없다. 살아온 날과 살아갈 날을 셈해 본다. 후퇴한들 다시 선택할 길이 별로 없다는 계산이다." 작가에게 절실한 소망이 있다면 그건 문학에 대한 갈증일 것이다.

그래 그의 삶과 문학은 영원한 화두가 된다. 그에게 있어 수필은 '문자의 형상화'다. 즉 문자화는 "주체가 화자로서 언어의 구조로부터 자기담론의 물질적 매체를 차용한다는 사실을 의미화 한다."는 라캉의 말과도 일맥상통 한다. "이루지는 못할망정 오기를 다시 곧추세운다. 서슬 세워 각오를 다시 벼린다. 문장의 연금술, 그 하나를 찾기 위해 쉼 없이 풀무질을 해야 한다."는 각성이 있기에 그에게 문학은 자기변호와 구제를 위한 최선의 길이 될 것이다.

수필문학은 사유와 상상이다. 여기서 사유를 전개할 때 가장 기본적인 문제는 실마리가 문제가 된다. 실마리를 무엇으로 잡느냐에 따라 사유의 전개는 달라진다. 이런 사유는 현실에서부터 출발한다. 문학이 상상의 세계라지만 수필의 경우 현실과 전혀 동떨어진 세계를 그린다면 애초 수필이 요구하는 존재 파악과 멀어지게 된다. 때문에 수필은 현실을 바탕으로 하게 된다. 여기 현실은 '드러남[現]'과 '숨음[實]'의 이중적인 방식으로 주어지게 된다. 우리는 한편으로 드러남 저편에 숨어 있는 실재를 탐구하지만, 모든 탐구는 궁극적으로 드러남 자체에서 그 근거를 구할 수밖에 없다. 그런데 수필문학은 어디까지나 존재론이라는 담론에서 벗어날 수 없다. 이정우는 《가로 지르기》에서 우리는 세 가지 물음을 던지게 된다고 하였다. "존재한다는 것은 무엇을 의미하는가?", "무엇이 존재하는가?", "어떻게 존재하는가?"이다. 첫 번째 물음에 대한 암묵적인 대답을 존재론적 이유에 대한 답변으로, 두 번째의 대답을 존재론적 위상에 대한 대답으로, 세 번째의 대답을 존재론적 절속(絶續)에 대한 대답으로 볼 수 있다는 것이다. 절속은 분절(分節)과 접속(接續)을 포함하는 개념으로 셋은 하나의 통일체로 볼 수도 있지만, '1+1+1'로도 볼 수 있다고 해석하고 있다.

> 나는 과연 어느 부류에 속하는 존재인가. 부질없지만 가끔 한 번씩 내 존재가치를 확인해 보고 가당치 않음에 코웃음 친다. 존재가치 평가는 반드시 남들이 하게 마련이다. 내가 지어 붙이지만 내 이름은 남들이 불러주듯, 내 존재가치도 남들이 평가해야 한다. 자기가 자기를 평가하는 자화자찬으로 비웃음 사는 존재들이 얼마나 많은가.
>
> 사람들은 흔히 운명을 논한다. 누구는 운이 좋아 성공했고, 또 누구는 운이 나빠 실패했다고 한다. 논리적으로

> 불가사의한 일이지만 우리는 옛 부터 운명을 거의 신앙으로 삼아왔다. 이름 하나 짓는데도 운명을 생각했다.
>
> — 「존재를 위하여」 에서

사르트르는 자신의 존재론을 세우기 위해 이 세계에 존재하는 모든 것을 두 영역으로 구분하는 과감한 결단을 단행했다. 의식의 유무였다. 이 두 존재를 각각 '대자존재'와 '즉자존재'로 명명했다. 이런 존재 사이의 관계를 현상학적 방법에 의해 기술하고 있다. 작가는 "나는 과연 어느 부류에 속하는 존재인가. 부질없지만 가끔 한 번씩 내 존재가치를 확인해 보고 가당치 않음에 코웃음 친다."라고 존재에 대한 가치를 성찰하고 있다. 수필 〈나와 너의 관계〉에서도 이와 같다. "생존의 세상은 나와 너, 상대가 존재하기에 형성된다. 사랑이 존재하기에 증오가 존재한다. 행복만 계속될 수도 없고, 또 불행만 계속될 수도 없다. 반드시 삶의 지평에는 요철(凹凸)의 굽이가 존재한다. 의미와 무의미, 존재와 부재…. 이 모두가 알고 보면 따로가 아니고, 개체가 아니다. 한 치의 오차 없이 만들어지는 기계도 들고 난 톱니바퀴 없이는 돌아가지 않는다." 이렇게 작가가 글을 쓰고자 할 때는 무엇보다도 자신을 객관화시키게 마련이다.

그런가하면, 인간이라고 하는 근원적인 문제에 뿌리를 내리고 좀 더 견고하게 자신을 구축하는 작업을 통해 삶에 대한 나름의 가치를 발견하며, 진정어린 자기와의 만남이 이루어지게 된다. 그러면 자연스레 자신과 무관했던 대상에서 그 본질과 대상과의 상

관적 의미를 발견하는 데에서 자신의 객관화가 구체화하게 된다. 희망이란 기표와 존재 사태에 대한 화자의 사유 또한 이와 등거리에 놓여 있다.

> 과거도 아니고, 현실도 아니고 항상 미래에 존재한다. 바람처럼, 영혼처럼 보이지도 않는다. 그러나 누구도 그 존재를 부정하거나 거부하지 못한다. 항상 목마르게 올려다보는 막연함이고, 애타게 갈구하는 환영(幻影)이다. 캄캄한 하늘에 반짝이는 별빛이고, 절망의 늪 속에서도 피를 거꾸로 세우는 마력이다. 하늘이 무너져도 솟아날 구멍을 가리키는 나침반이고, 수천 미터 지하 갱도에서도 삶을 찾아내는 불빛이다.
>
> — 「내 희망은 무엇인가」 에서

절망의 늪 속에서도 피를 거꾸로 세우는 마력, 그래 때로는 나침반이 되고 불빛이 되기도 하는 존재 해명의 깃발이 존재 사태에 대한 화자의 사유의 근원일밖에 없다. 이런 자아 성찰은 자기 관조와 함께 진정한 삶의 길을 찾아나서는 순례자가 된다.

> 신의 약속을 불신하는 걸까. 아니면 당연하기에 생각조차도 잊자는 걸까…. 나 또한 별로 다르지 않다. 70평생을 살아오면서 신의 약속을 의식하고, 일상에서 죽음을 고민해 본 적이 한 번도 없다. 작은 일에 이해타산은 민감하면서 준엄한 죽음의 약속은 남의 일처럼 무관심하게 살아왔다.
>
> 허기야 어떤 능력으로도 죽음을 막을 길은 없다. 아무

리 건강검진을 한다 해도 죽음을 막을 수는 없다. 감기 예방주사가 죽음을 막을 수는 없다. 생성에서 소멸에 이르는 것은 모두 신의 지배가 아니던가. 삶은 곧 죽음이고, 죽음은 곧 삶이다. 전지전능한 신의 약속이 깨어질 수는 없다. 권력도, 재력도, 학력도, 종교도, 문명도 신과의 약속인 죽음을 극복한 분야는 어디에도 없다.

의자에 주저앉아 멍하니 차례를 기다린다. 창 너머 가시철망 울타리 사이로 누가 심지도 않은 호박덩굴 하나가 늦가을 찬바람에 흔들리고 있다. 가녀린 덩굴손이 아무것도 휘어잡을 것 없는 허공을 향해 삶의 욕심을 호소하고 있다. 그러나 욕심일 뿐이다. 며칠 뒤면 서리가 내릴 텐데…. 그렇다. 영생은 없다.

— 「나라는 존재」에서

존재사태에 대한 깨우침은 결국 과거와 미래라는 시간의 영속성에서 보면 존재론적 이유에 대한 암묵적인 해답이 되며, 존재론적 절속(絶續)에 대한 해답을 찾기 위한 사유의 산물일 것이다. '나라는 존재'에 대한 끝없는 물음과 대답은 '드러남과 숨음'에 대한 참을 찾기 위한 작가의 고뇌요, 철학적 물음일 것이다. "회전목마는 돌아서 다시 제자리로 오지만 인생은 한 번 가면 끝이다. 영원한 생명은 없다. 그게 바로 영원한 신의 약속이다. 신의 약속은 불문율이지만 어느 실정법도 따를 수 없는 엄정함이 있다. 영웅호걸도, 명현석학도 신과의 약속을 어기지는 못했다."고 했다. 그래 작가 류인석의 사유의 악보에는 '존재, 유형지(流刑地)에서의 사색'이 무한대로 펼쳐진다. '그 하나를 찾는 방황'은 현재진행형이 된다.

제2악장 _ 의식의 내면 풍경

문학은 철학의 명제처럼 논리적인 언어구조를 가지고 있지 않다. 오히려 모순적이고 비약적인 언어로 가득 차 있다고 해도 과언이 아니다. 그러므로 문학은 파괴된 내면을 조심스럽게 기우고 피 흘리는 상처를 닦아내는 데 더 효과적인지도 모른다. 소용돌이치며 아우성 치고, 그러나 그 위에서 유유히 흘러가는 강처럼 인간의 온갖 모순된 삶을 싸안고 흘러간다. 그래 때로는 갇혀 있던 슬픔의 물꼬를 조금씩 틀 수 있는 게 문학인지도 모른다.

> 아침부터 아내는 날보고 집안 살림살이에 너무 '무관심' 하다고 탓한다. 의식주 해결하면 됐지, 무얼 더 '관심' 타령이냐고 퉁명스럽게 말꼬리 자르며 집을 나섰다. 평소 살갑지 못한 내 언동도 그렇지만, 무관심을 트집 잡아 아침부터 구시렁거리는 아내 모습도 전 같지가 않아 왠지 목구멍에 걸린 생선가시처럼 하루 종일 마음에 걸린다.
>
> — 「관심과 무관심」에서

화자의 의식 한 편에는 '관심'이라는 단어 하나가 걸려 있다. 아내의 말 한마디가 목구멍에 걸린 가시처럼 그의 의식에 살아 맴돈다. 화자의 사유는 일상의 한 단어, 그 기표가 갖는 기의에 천착한다. 내면 풍경이다. 기상천외한 철학적 담론이 아니다. 이 수필의 화소는 어쩌면 모순적이고 비약적이다. 계룡산 동학사에 다녀왔다는 어느 부부의 예화에서 보듯 관심거리가 다른 자아는 타자와의 관계에서 갈등하게 마련이다. 그래 끊임없는 접속과 통화의 분주함에서도 하나가 아닌 중심 없는 다수로 연결되는 나는 나 자신과 만날 진정한 기회를 박탈당하게 된다. 어쩌면 나 자신을 잃어버리는 표면적인 분주함, 그리고 외로움을 몸부림쳐가며 거부하는 두려움과 초조감이 외로움을 더 키워가게 한다. 이 경우 하이데거는 "인간은 외로움을 먹고사는 존재가 아니다. 우리는 현존재에 친밀성으로 향한 본성적 경향이 있다."고 했다. "관심과 무관심의 선택 지혜는 달관의 경지에서만 맞출 수 있는 과녁인가. 집안일에 '무관심'을 탓하던 아내의 말이 다시 뇌리를 스친다. 이게 바로 '관심'이던가." 라는 화자의 독백이 독자의 가슴에 와 닿는다.

세네카(seneca)는 인간의 삶을 연회(宴會)에 비유하였다. 다분히 스토아 적이다. 그에 의하면 연회에 초대된 사람은 너무 일찍 자리를 떠나 주인을 섭섭하게 해서도 안 되지만, 그렇다고 너무 늦게 떠나 주인에게 폐가 되어서도 안 된다 했다. 때를 맞추어 연회를 떠나는 이의 단아하고도 강건한 모습은 아름답다. 죽음이란 누구에게나 불가사의하고 불안을 떨치지 못하게 한다. 화자의 또 다른 의식에 죽음이라는 거대담론의 풍경이 그려진다. "삶과 죽음의 대좌, 말이 끊기고 생각이 무너졌으니 무엇으로 소통해야 하나. 어젯밤 껄껄대던 웃음소리가 오늘 아침엔 가슴을 찢는 비통이 됐으니 이게 바로 삶과 죽음의 현실이던가."(〈영전에 바치는 청산혜요 青山兮要〉에서)와 같은 사유는 죽음을 내적 감각으로 받아들이는 작가의 또 다른 마음의 풍경일 것이다. 이와는 또 다른 풍경.

> 검은 상복에 상주리본까지 가슴에 찬 젊디젊은 미망인이 조문객들은 본체만체 자기 혼자만 히죽대고 있다. 저 주인가, 자학인가…. 비통이 무엇인지조차 헤아리지 못하는 어린 남매가 영문도 모른 채 영정 앞에서 조문객을 맞는다. 어느 영안실의 안타까운 풍경이다.
>
> — 「죽은 자와 산 자」에서

어느 영안실의 안타까운 풍경을 그린 이 수필의 삶과 죽음은 백지 한 장의 차이다. 살아 있되 삶이 아니요, 삶과 죽음이 공존하는 현실에서 작가의 사유의 단서를 찾게 한다. "인생은 구름 같은 허무다. 태어나는 순간부터 잠들지 않는 운명의 바람에 부대끼며 한 생애를 산다. 그러다가 어느 날 한 조각의 구름처럼 홀연히 사라진다. 죽은 자는 차라리 편안하다. 인연 하나 끊고 가면 그만이지만, 남아있는 가족들이 짊어지고 살아야 할 참담함은 어쩔 것인가."라는 화자의 독백이 또 다른 존재사태에 대한 사유의 악보로 메시지를 전달하고 있다.

인간은 누구나 노년기에 이르면 자연스레 삶과 죽음에 대하여 깊이 생각하게 마련이다. 그렇기에 인간 삶의 과정에서 '죽음'이란 화두는 가장 두렵고도 신비한 절대적인 것이어서 이에 대한 사유는 끊임없이 반복되기 마련이다. 누구든 피해갈 수 없는 이 한계상황에 대한 성찰과 고구는 인류 전체가 공유하는 궁극적인 문제가 된다. 수필문학은 바로 이런 인간 존재의 문제를 해명하는 데에 있다 해도 과언이 아닐 것이다. 어디 죽음뿐이랴. 산다는 것은 모두가 슬픔을 잉태한다. 수필 〈동자요람(童子搖籃) 달력 단상〉 역시 괘를 달리하지만 동일한 맥락에 놓여있다.

> 선물로 받은 새해 달력을 서재 컴퓨터 앞에 걸어놓고 보고 다시 또 본다. 동자요람(童子搖籃)이라 인쇄된 달력 표지의 아기 스님들 사진이 정말로 천진무구(天眞無垢)하다. 영산홍 꽃 흐드러지게 피어난 봄 동산에 세 명의 아기 스님들이 노니는 정경은 형언할 수 없이 아름다운 평화다. 어느 폭군, 악한도 감히 범접할 수 없는 순수고 진실이다.
>
> 선과 악을 초월했으니 차라리 믿음과 불신 사이에서 일어나는 아리한 통증이다. 번뇌, 시름 무거운 걱정도 없고, 사랑과 증오, 얼룩진 갈등도 없고, 탐욕과 경쟁도 없는 투명한 무아의 세계다. 아무 것에도 오염되지 않은 극락정토 청정불국에서 자비만 한아름씩 가슴에 안고, 메마름에 허덕이는 사바세계 중생들을 구제하기 위해 내려온 나무아미타불이다.
>
> — 「동자요람(童子搖籃) 달력 단상」에서

죽음은 일종의 소멸이요, 놓아버림은 대개의 경우 우리를 안타깝게 한다. 한 해가 가고 새해를 맞는다는 시간의 변화는 그저 엄연한 대자연의 질서이다. 삶의 공간이 윤회생사의 세계일망정 대개의 경우 유형지의 모습을 띨밖에 없다. 그래 유형(有形)은 유형(流刑)이라는 역설이 가능하게 된다. 하지만 작가의 사유는 건강하다. 사태에 보내는 시선의 건강함은 류인석 수필의 도 다른 의식의 풍경일 것이다.

제3악장 _ 삶의 여백의 구체화

수필은 '보이는 그대로'를 비추는 평면적 거울이기보다는 '있는 그대로' 를 갈라내는 프리즘과 같다. 수필은 작가의 체험을 소재로 하지만 체험 그대로가 아니라, 이를 승화시키고 형상화시키는 작업이어야 하기 때문이다. 이런 작업을 이끌어 내는 것을 관조(觀照)라고 하겠다. 이런 관조는 삶의 여백과 무관하지 않다.

류인석의 수필은 그의 해적이 에서 보듯 대개가 지성적, 담론적, 경구적인 에세이 류다. 서정수필이 전반적 풍조인 한국수필문단에 드물게 보는 철학적 수필이 그의 작법 상 특징이다. 〈억새꽃 하얀 허무〉는 서정성이 농후한 수필이다. 억새밭의 추억을 담담하게 풀어내어 삶의 여백을 표백한 수필이다. 작품 전반에 깔린 정조는 쓸쓸하다.

> 잎사귀마다 서슬 퍼런 칼날 삼엄하게 세워 범접할 수 없이 도도하던 위세도 모두 다 허상이었나. 허기야 억새도 잡초다. 제 아무리 억세도 억새는 억새다. 세월 앞에

선 억지도 소용없고, 억세도 별 수 없다. 비 맞은 가을나그네 남루한 행색이듯, 검푸른 초록빛 억새군락지가 온통 황갈색 무리되어 사색(死色)으로 변했으니, 제 아무리 하얀색 뽐내 봐도 억새꽃은 서글프다.

— 「억새꽃 하얀 허무」 에서

대상을 바로 보는 그의 시선에 쓸쓸함이 묻어난다. '비 맞은 가을나그네의 남루한 행색', 그러나 그 기세는 도도하다. 그런 어조에 역발상의 뒤틀림이 엿보인다. '억새는 억새다.'라는 자조적 언사가 하얀색에서 서글픔의 정조를 끌어낸다. "떠오르는 아침햇살엔 '은빛'으로 치장하고, 황혼녘 붉은 노을엔 '금빛'으로 치장하지만 은빛도 금빛도 억새꽃에겐 부질없는 허영이다. 어떤 허영도, 어떤 사치도 위선은 진리를 이기지 못한다. 어느 학자는 억새꽃을 일러 서정의 꽃, 느낌의 꽃이라고 일렀다. 늦가을 낙엽 흩날리는 찬바람 등에 지고 하얗게 일렁이는 억새밭에 서면 "출렁출렁 강물도 목이 메듯" 숱한 회억이 밀려들기 때문이리라."는. 그래 화자는 그 억새에서 '바람'을 보고 유령의 흐느적임처럼 허무를 감지한다. 삶의 여백이 잔잔하게 느껴지는 대목이다. 삶의 샘에 영혼의 두레박을 드리우고 생명을 길어올리는가. 여백의 미학임이 분명하다.

나는 오늘도 상념 하나 데리고 산책길로 향한다. 이글거리던 태양도 무섭지 않을 만큼, 푸르디푸르던 젊음의 세상도 일장춘몽이었던가. 나무들은 스스로 숱한 잎을 모

두 버리고 미래의 설한풍 앞에 알몸으로 다가서고 있으니
새봄, 새잎으로 더욱 푸른 삶을 채우려함인가.

— 「소유의 다른 이름」 에서

삶의 구비마다 우리가 겪어야하는 정신적, 물질적 고통은 한두 가지가 아니다. 그래 범부의 일상은 대체로 '비우기'보다는 '채우기'에 연연하기 마련이다. "그래서 합당한 소유는 무소유도 인정한다. 완전한 무소유는 없다. 생명을 가지는 것, 도덕을 쌓는 것, 자비와 사랑을 갖는 것도 소유가 아니던가. 지나침이 문제다. 소유의 지나침은 욕심이고, 무소유의 지나침은 죽음이다."라는 화자의 언명에 귀 기울이게 한다. 철학적 담론이다. 때문에 그의 수필은 문학카페에서 철학읽기가 된다. 비록 소박하지만 삶의 지혜와 예지로 번득이는 그의 수필을 음미하노라면 깊은 철학의 세계에 안주하게 한다. 이는 삶의 여백에서 유로되는 정신적 자양을 만끽하는 수필 읽기의 기쁨일 것이다.

이렇게 좋은 수필은 아무리 세계가 주목하지 않고 바라지 않는다 해도 작품에 담은 모든 것과의 완전한 조화 속에서 울림을 일으킨다. 외부 세계는 우리의 행동에 반응을 보이지 않을지도 모르지만, 예술작품에서는 오로지 반응만이 있을 뿐이다. 이 반응에 놀라운 것은 그 솔직성 때문일 것이다. 이런 삶의 여백은 작가의 내밀한 혼의 울림이 담겨 있다. "세계는 인간 내적 욕망의 외적 표명에 대하여 철저히 중립적이다. 그러나 예술의 반응은 너무나도 민감하다."라고 언명했던 데드올랜드의 말을 상기하게 한다.

그리하여 진정한 작품은 헤라클레이토스의 "아무도 똑같은 강을 두 번 건너지 못한다."에 이르게 된다.

판소리 수궁가를 보고 있다. 장중한 징소리가 개막을 알린다. 이윽고 신들린 명창의 판소리가 이어진다.

> 신들린 명창은 삼동혹한에도 땀으로 젖고, 허공을 휘젓는 고수의 북채는 더욱 높아져 무아의 경지에 이른다. 때로는 중중모리, 자진모리가 격한 가락으로 휘몰아치고, 때로는 장중한 우조, 화평한 평조, 애잔한 계면조가 가슴을 파고든다. 고수의 장단에 명창이 따르는가, 명창의 신음(神音)에 고수가 따르는가, 덩더쿵 다양한 장단, 굵고 가는 억양, 맺고 푸는 운율, 높고 낮은 가락, 앉고 서는 율동, 펴고 접는 부챗살…. 객석에선 끊임없는 얼쑤! 아무렴! 잘 한다! …. 어찌 삼위일체로 공연하는 '오페라' 가 아니던가.
>
> — 「송년의 밤 수궁가판소리」에서

"목울대 너머로 꼴깍 넘어갈 듯 예리하게 이어지는 금속성 고음에서부터, 천 근 바위덩이가 물속에 가라앉듯, 무거운 저음까지, 쉰 소리, 통 소리, 된소리, 찢어진 소리를 자유자재로 구사하면서 용왕과, 거북이, 토끼가 엮어내는 장장가사를 구절구절 토해내는 놀라운 명창의 성음(聲音)예술"이다. 고수의 장단에 명창이 따르는지 아니면 명창의 신음에 고수가 따르는가. 삼위일치의 무아지경이다. 화자의 득음인가. 삶의 한 장면이다. 이를 지켜보는 화자의 마음안에 파도가 일렁이다 잔잔해진다. '인생은 가락인가'라는 해석과 의미화의 진수를 보여준다.

걷는 게 유행이듯 현대인은 '천천히 가기'에 골몰한다. 사유의 여백을 즐기려는가. 수필 〈걷다 보면 안다〉 역시 이와 동일선상에 놓여 있다. "걸으면서 만나는 사람도 많고, 떠오르는 생각도 많다. 걸으면서 보고 느끼고 깨닫는 보람도 있다." 그렇다. 여백 즐기기다.

> 걸어야 할 길은 사람마다 다르다. 나는 나의 길이 있고, 너는 너의 길이 있다. 살아가는 방법이 다르고, 조건이 다르고, 환경이 다르기 때문이다. 집으로 가는 길, 직장으로 가는 길, 서울 가는 길, 부산 가는 길, 철길, 자동차 길, 등 형이하학적(形而下學的)인 길도 있고, 인생의 길, 성공의 길, 영광의 길, 마음의 길, 생각의 길, 등 깨달음으로써 열리는 형이상학적(形而上學的)인 길도 있다.
>
> 요즘 내가 걷는 길은 형이하학적인 길일뿐이다. 그러나 오래 걷다보니 형이상학적인 길도 어렴풋이 보인다. '오늘도 걷는다만 정처 없는 이발길…' 한 시대를 풍미했던 유행가지만, 가사 속에 함축된 삶의 의미는 예나 지금이나 변함이 없다. 물론 압축 성장 과정에서 경쟁과 속도의 효율성을 무시하자는 것은 아니다.
>
> — 「걷다 보면 안다」에서

질주와 과속에 민감한 현대인에게 보내는 메시지인가. 느림의 미학은 화자의 삶을 통한 각성일 게 분명하다. 그에게도 질주에만 연연했던 지난 시절이 있었으리라. 그런 어제를 돌아보면 가슴이 먹먹하다. 이제 여백을 즐기려는가. 형이하학과 형이상학은 상보적이다. 세상에는 여러 갈래의 길이 있고 다양한 길이 있어서다. 걷다보면 자연스레 터득하게 되는 길에서 사유는 전개된다. 삶의 여백 즐기기의 구체화다. "경쟁시대라는 기치 아래서 우리는 육체적으로, 정신적으로 허겁지겁 달리기 경쟁만 했다. 옆도 보지 않고, 뒤도 보지 않고 달리기 경쟁만 하다 보니 이웃도, 친구도, 우정도, 의리도, 세태가 모두 경쟁대상자일 뿐이다. 나는 오늘도 걷는다. 또 내일도 걸어야 한다. 그게 바로 내가 사는 날까지 걸어야 할 애환의 길이다."라는 결미의 언술이 가슴에 와 닿는다.

제4악장 _ 현실 비정(批正)의 목소리

작가 류인석의 해적이를 본다. 그는 경향신문사에 입사하여 취재기자로부터 편집부국장, 중부본부장을 역임하였다. 30여 년을 외길 언론인 생활을 한 것이다. 뒤이어 정계에 입문하여 제5대 충청남도 의회의원을 지낸 바 있다. 게다가 한국문인협회 대전지회 회장과 국제펜클럽한국본부 대전지역 부회장을 역임하는 등 문단활동을 왕성히 하고 있는 작가이다. 그런 연유인지 그의 수필은 논리적이고 사색적, 철학적 경향이 짙다. 또한 현실비정의 칼날을 보이지 않게 행간에 묻어둠으로써 독자로 하여금 지성의 갑옷을 감지하게 하는 측면도 없지 않다. 그러나 그의 수필은 현학적이지 않다. 그저 촌부의 삶의 이야기이듯, 그의 목소리에는 진솔한 삶의 현장이 묻어나오고, 가까운 벗에게 속삭이듯 은근하여 감칠맛마저 느끼게 한다. 바꾸어 말하면 그의 붓끝은 언론인의 강경함, 논리정연한 문사의 지적 토로에서 공간적 거리를 느끼게 한다. 그의 수필이 읽히는 이유는 아마도 여기에 있지 않나 싶다.

수필집 《그 하나를 찾는 방황》의 제4부의 10여 편의 수필은 현실 비정의 목소리가 담겨 있다. 수필 〈해도 얼굴 가린 망년〉이나 〈누구의 책임인가〉가 그러하며, 〈문명시대 사람들〉과 〈경인년이 다가 온 다〉나, 〈내 고향 서산〉과 〈이제 물은 물이 아니다〉 역시 같은 맥락에 놓여 있다. 이들 수필들은 바이오필리아(Biophilia), 즉 생명애(生命愛)에 근간을 두면서 장소애(場所愛)인 토포필리아(Topophilia),와 더불어 실향의 디아스포라(Diaspora) 경향까지 망라하고 있다.

> 현대문명은 시시각각으로 우리를 옥죄고 있다. 서로가 불신, 경계, 갈등, 모함이 거칠어지고 있으니 말이다. 정신적으로 편할 날이 없다. 무엇 때문인가 항상 쫓기며 여유가 없다. 점점 더 해악의 환경으로 휘말려들고 있다. 인간은 문명을 만들고, 문명은 다시 인간을 묶어대는 현상이 반복되고 있다.
>
> 때문에 우리는 소중한 것들을 잃고 있다. 친자연적이던 인성(人性)이 건조화 되고 있다. 생각도, 행동도 모두가 기계화되고, 상품화되고 있다. 우리사회에 양심이 없어지고, 윤리도덕이 무너진 것도 같은 맥락이다. 너나없이 과격해지고, 살벌해졌다.
>
> 살아남기 위한 심성변화일 수도 있다. 넘쳐나는 정보홍수 속에 시달림을 당하고 있는 게 문명시대 사람들이다.

> 많은 정보는, 많은 생각을 요구한다. 많은 생각은 고민이고, 고민은 곧 갈등이다. 다정도 병인 것처럼, 많은 정보홍수가 오히려 병이 되고 있다. 수용할 수 없는 정보는 불안과 초조를 자초하고, 불신과 갈등을 초래하기 마련이다.
>
> — 「문명시대 사람들」 에서

인간이 이루어낸 문명이 긍정과 부정의 두 얼굴을 지니고 있다는 인식은 어쩌면 상식적인지도 모른다. 하지만 분명한 것은 문명비판의 입장에서 자연회귀의 향수와 문명의 괴물 같은 속성에 대한 혐오는 현대인의 의식 속에 상당한 위치를 차지하고 있다. 적지 않은 사람들은 자신이 창조해 낸 이 괴물이 장차 자기를 잡아먹고 해칠지도 모른다는 피해 의식 속에 살아간다. 그렇다면 문명 비판은 피해의식에서의 탈출구를 모색하기 위한 길인지도 모른다. "자연보호, 나무사랑을 외치고 있는 내가 밉다. 문명은 이토록 이기적이고, 잔인하고, 교활한가. 그러나 자연의 본질과 순리는 조금도 변함이 없으니…."라는 결미의 언술이 설득력을 지니는 것은 행간에 현실 비정의 목소리를 암묵적으로 담고 있어서일 것이다.

수필 〈목화 열매 추억〉도 이와 다를 바 없다. "단골식당 계산대 앞에 분재된 목화(木花)나무 한 주가 놓였다. 계절 없이 흔해진 난초나, 제철 만난 국화 분재 한두 개쯤이면 어울릴 자리에 생뚱맞은 목화 분재가 차지한 걸 보면, 목화에 대한 주인의 남다른 사연이 있을 것 같다."라는 서두에 이어 공간애인 토포필리아와 생명애인 바이오필리아를 그리고 실향의 정서인 디아스포라마저 감지하게 한다.

> 오염에 혼탁한 매연 공해환경, 태우고 끓이고 굽는 찌든 악취, 갈등분열로 살벌해진 인심 등…. 제철도 잊은 채 낯선 객지 환경에 적응하느라 견디어낸 시련 고통은 얼마였을까. 맑고 고운 옛 고향 산천환경이 얼마나 그리울까. 비록 산골 뙈기밭이지만 그토록 소중하게 여기며 가꾸고 북돋아주던 할머니, 할아버지의 옛정인들 어찌 잊을 수가 있을까. 줄기나 잎, 열매까지도 옛 모양 그대로 간직하고 있는 네 모습을 보니, 오매불망 옛 고향으로 돌아가고 싶은 간절함을 보는 것 같아 감회가 더욱 무량하구나.
>
> — 「목화 열매 추억」에서

하지만 여기서는 소재주의적 발상에 의한 현상에 대한 직시보다는 우회적 현실 비정의 목소리를 담아냄으로써 문학작품이 갖는 설득력을 배가시키면서 작가의 또 다른 내면의식의 편린을 보여준다. "이제 목화는 이 땅에서 서식 터전까지 뺏기고 말았다. 배부르고 등짝 따뜻해지면서 어느 날부터인가 목화는 농촌에서 사라졌다. 농경사회에서 산업사회로, 다시 첨단 과학문명시대로 접어들면서 목화농사는 갈 곳을 잃었다. 옷감의 수요는 몇 십 배로 늘어났지만 배척당하고 말았다."라는 현실 인식은 수필문학이 비평적 사명까지 수행해야 한다는 당위성을 갖게 한다.

제5악장 _ 미적 체험의 확대

작가는 현실을 보다 폭넓고 깊게 반영한 형상의 창조를 위해서 자기 앞에 펼쳐지는 현실에 천착하지 않으면 안 된다. 작가가 바라보는 현실이란 고착되어 있는 정태적인 것이 아니라, 유동하고 변화하고 발전하는 것이며, 그 속에서는 끊임없이 낡은 것은 소멸하고 새로운 것이 생성되기 때문이다. 이 같은 작가의 현실탐구가 바르게 이루어지려면 작품의 내용이 되는 작가의 현실 인식이 새롭고 독창적이며 풍부한 것이 되어야 함은 말할 것도 없다. 따라서 작가는 그 새로운 것 속에서 보편적인 것이나 본질적인 것 그리고 합법칙적인 것을 발견하고 이를 작품 속에서 형상화함으로써 작품에 형상으로 재현하게 된다. 이런 미적 체험은 작가의 미적 감수성과 연관성을 갖는 것은 두말 할 필요가 없다. 류인석의 기행수필은 이런 독창성에서 낯설게 보인다. 그의 악보의 또 다른 모습일 것이다.

안면도 국제꽃박람회장. "초대형 주차장에서부터 인파에 휩쓸려 꽃구경은 저 참이다. 광선 따라 색깔이 바뀌는 카멜레온 같은 국화에서부터 호박, 가지 등 소채류까지 각양각색의 변종 식물들이 출품되어 곳곳마다 호기심을 잡는다. 그 중에서도 단연 유별난 것은 무와 배추가 하나로 합성, 변종된 '무추'다. 뿌리는 다리통 같은 무고, 잎은 포기지게 자란 배추다."

통상적 기행의 모습은 어디서고 찾아볼 수 없다. 기행수필이지만 포커스는 '무추'에 맞춰져 있다. 무와 배추의 합성인 무추. 이를 바라보는 화자의 심사가 예사롭지 않다.

> 상체는 미모의 여인을 닮고, 하체는 비늘이 번득대는 '인어공주'는 어디까지나 전설뿐이기에 그렇다 하지만, 지위고하를 막론하고 귀천 없이 식탁에 주종반찬이던 무, 배추김치가 이젠 '무추' 김치로 바뀌게 되니 변화무상한 현실 속에 내가 공존하고 있다는 것 자체가 신비스럽기까지 하다.
>
> 오늘은 이대로 돌아간다만 생각할수록 괴상한 네놈의 정체가 궁금하구나. 외모만 변했느냐. 아니면 그 맛도 변했느냐. 변했다면 진정한 네 맛은 무맛 이드냐, 배추 맛이더냐…. 태어난 지 일천해서 너도 대답 못하겠지. 앞으로 지켜볼 일이구나.
>
> 무서리 내리던 이슥한 가을밤 생채 담던 어머니가 녹색빛 연한 대가리 깎아주시던 아삭아삭 무맛은 가난했던 동심을 키워온 순수한 진실의 그 맛이었다. 질푸른 이파리 죽죽 찢어 거친 보리밥 위에 척척 걸쳐먹던 잘 익은 배추김치, 그 맛은 춘궁(春窮) 칠궁(七窮)을 겪어온 우리 전통 인고(忍苦)의 문화에서 지울 수 없는 삶의 의미였다.
>
> — 「내 이름은 무추」에서

고정관념에서 한 발 물러나 대상을 자기화하는 그만의 기법이다. 낯선 대상의 속성을 통해 서정과 서사를 적당히 조합하고 비벼낸 비빔밥 같은 우리네 심성을 닮은 수필이다. 사뭇 맛깔스럽게 비벼내어 먹음직스럽다. 이 수필에선 기행에서 흔히 보이는 일정이나 서사적 서술이 자리 잡고 있지 않다. 수필의 문학성은 여기서 찾아야 한다. 수필 〈10억짜리 분재〉도 같은 맥락에 있다.

〈소양강 처녀상 앞에서〉를 보자. 문학기행의 한 장면, 춘천 소양강이다. 문득 소양강 처녀상 위에 추억의 여인이 겹친다. 화자의 감수성이 빛을 발하는 장면이다.

> 세련되지 못한 맵시가 환영(幻影)에서 지워지질 않는 내 추억의 그 여인과 어쩌면 그리도 닮았을까. "너마저 몰라주면 나는 나는 어쩌나" 바로 그 표정이다. 주체하지 못할 처녀의 순정이 무엇인지 어렴풋이 드러난다. 시공을 멀리 띄워 그리움을 향하듯, 휘날리는 치마폭을 무릎까지 걷어 올린 자태가 꿈으로 젖어 살던 강촌(江村) 처녀, 바로 그 상이다.
>
> 마음속에 쌓아둔 정만큼이나 애절한 노래 '소양강 처녀'는 들을수록 외롭다. 글쟁이가 아니더라도 어쩔 수 없을 것이다. 내 마음 속에서 앙금 같은 추억을 긁어내 처녀상 앞에 뿌려본다. "너는 내 마음을 아느냐"고 물어 오는 듯하다. 휘날리는 저고리고름 끝에서 차디찬 강바람이 연신 나부낀다.
>
> — 「소양강 처녀상 앞에서」에서

이렇게 기행수필은 그만의 독특한 정서를 갖는다. 또 그만의 독특한 정형화된 얼굴을 지니고 있다. 교과서적인 기행수필의 기법이 아니라 작가의 삶이 농축되어 있다. 수필문학이 삶의 문제에 천착하여 인간문제를 규명하고자 하는 문학이라면 기행수필은 이렇게 여정과 견문을 통해 인간 문제에 포커스가 맞춰져야 할 것이다. 그럴 때에 비로소 기행수필은 본격수필로서 자리매김하게 될 것이다. 류인석 수필의 또 다른 표정이며 미적 체험의 확대일 것이다.

종곡(終曲)

지금까지 류인석의 수필집 『그 하나를 찾는 방황』을 통해 작품세계를 탐색하고자 하였다. 그의 수필세계의 포커스를 필자는 여타의 작품론의 경향과 시선을 달리하고자 하였다.

즉 그의 수필의 경향성을 존재규명이라는 문제에 포커스를 맞춰, 하이데거의 존재사태 와 진실로서의 진리와의 만남, 드러남과 물러남의 이중구조적 경향에 대입하고자 하였다. 무엇보다 그의 수필을 사유의 조각들로 보았다. 새롭게 짜 맞추고 조율하여 연주하는 몇 개의 악보처럼 수필이란 이름으로 기보된 그의 창작물을 통해 존재사태의 해석이 어떤 양태를 보이고 있는가를 규명해 보고자 하였다.

이런 측면에서 수필작가 류인석의 수필세계는 [제1악장—존재, 유형지(流刑地)에서의 사색], [제2악장—의식의 내면 풍경], [제3악장—삶의 여백의 구체화], [제4악장—현실 비정(批正)의 목소리], [제5악장—미적 체험의 확대]로 구체화되고 있다고 보았다. 그의 수필은 존재사태의 해석이 사유의 악보처럼 펼쳐져 있다. 한마디로 〈존재사태, 그 사유의 악보〉라 하겠다.

류인석의 수필의 진실은 변주에서 마력과도 같은 감상의 기쁨을 준다. 수필을 통한 존재사태의 해석이 사유의 악보처럼 펼쳐지고 있다.

이렇게 독자들에게 감동을 주는 훌륭한 작품 속에는 그 작품을 창조해 낸 저자의 남다른 의식이 담겨 있다. 적어도 저자의 전 생애가 농축되어 독자를 흡인함으로써 감동과 정서적 미감에 함몰하게 하는가 하면, 적당한 거리를 두고 저자의 삶을 지각하게 하는 각성과 삶의 길을 제시하기도 한다. 때문에 예술 작품은 정서적 미감과 교훈이라는 두개의 축을 적절히 교합함으로써 그 목적을 달성할 수 있다. 삶과 존재의 문제를 다루는 수필문학에서는 더욱 그러하다.

작가 류인석이 창작한 수필들은 참인 존재사태의 진실을 규명하기 위한 사유의 조각들이다. 퍼즐처럼 수놓은 그의 수필의 자락은 그가 살고 있는 이 시대의 기쁨이자 우울함이기도 하다. 그의 사유의 지층은 어느 한 곳에 국한되어 있지 않다. 정서적 편린들이 도처에 깔려 있는 수필문단에 그는 수필을 통해 사유의 광맥을 찾아 나서고 있는 성싶다. 비록 뒤늦게 수필문단에 데뷔한 작가지만 짧은 시간에 9권의 저작을 남겼다는 문력이 또 다른 행보를 기대하게 한다. 수필문학의 새 지평을 열어주길 소망하는 연유를 종곡에 덧붙이고자 한다.

그 하나를 찾는 방황

류인석 수필집

발행일 | 2011년 6월 25일
지은이 | 류인석
발행인 | 李憲錫
발행처 | 오늘의문학사
대전광역시 동구 삼성1동 125-6 한밭오피스텔 401호
Tel(042)624-2980 Fax(042)628-2983
http://www.lito77.co.kr(홈페이지)
✉ hs2980@hanmail.net
등 록 | 제55호(1993년 6월 23일)
ISBN 978-89-5669-440-5 03810
값 10,000원

* 이 책은 한국문화예술위원회의 문예진흥기금을
보조받아 발간되었습니다.